目录

第二次世界大战中的
德国空军与英国空军

西风 编著

中国市场出版社
China Market Press

图书在版编目（CIP）数据

第二次世界大战中的德国空军与英国空军 / 西风编著. -- 北京：中国市场出版社, 2014.9

ISBN 978-7-5092-1269-1

Ⅰ. ①第… Ⅱ. ①西… Ⅲ. ①第二次世界大战－空军－军事史－德国 ②第二次世界大战－空军－军事史－英国 Ⅳ. ①E516.9 ②E561.9

中国版本图书馆CIP数据核字（2014）第137912号

出版发行	**中国市场出版社**	
社　　址	北京月坛北小街 2 号院 3 号楼	**邮政编码**　　100837
电　　话	编 辑 部（010）68034190	读者服务部（010）68022950
	发 行 部（010）68021338　68020340　68053489	
	68024335　68033577　68033539	
	总 编 室（010）68020336	
	盗版举报（010）68020336	
邮　　箱	1252625925@qq.com	
经　　销	新华书店	
印　　刷	三河市宏凯彩印包装有限公司	
规　　格	170 毫米 ×230 毫米　16 开本	**版　次**　2014 年 9 月第 1 版
印　　张	14	**印　次**　2014 年 9 月第 1 次印刷
字　　数	280 千字	**定　价**　56.00 元

版权所有　侵权必究　　印装差错　负责调换

1

德国空军的崛起

第一次世界大战结束以后，受到《凡尔赛和约》条款的制约，德国只能保留数量很少的武装部队，刚够用来维持国内治安，甚至都不够组织防御来保障国家的领土完整。空军和海军则完全遭到解散，德国被禁止装备军舰和作战飞机。

在魏玛共和国时期，德国就下决心逃避战胜国联盟制定的限制条款。汉斯·冯·塞克特将军——1919—1926年德国国防军的领导人，从帝国空勤部门中挑选出180名优秀的军官，明确地将他们保留以作为一支新的空军的核心和参谋人员，这支部队的建立是秘密的。

德国的飞机制造公司在不停地运转着，有的时候它们的基地设在国外，而民航则悄悄地获得扩张。德国汉莎航空公司成立于1926年，它的成立受到的关注相当小。汉莎航空公司由埃尔哈特·米尔希负责，他原先是空军的一名军官，航空公司在1928年纳粹第一次获得选举成功后为德国从事军事活动提供掩护。

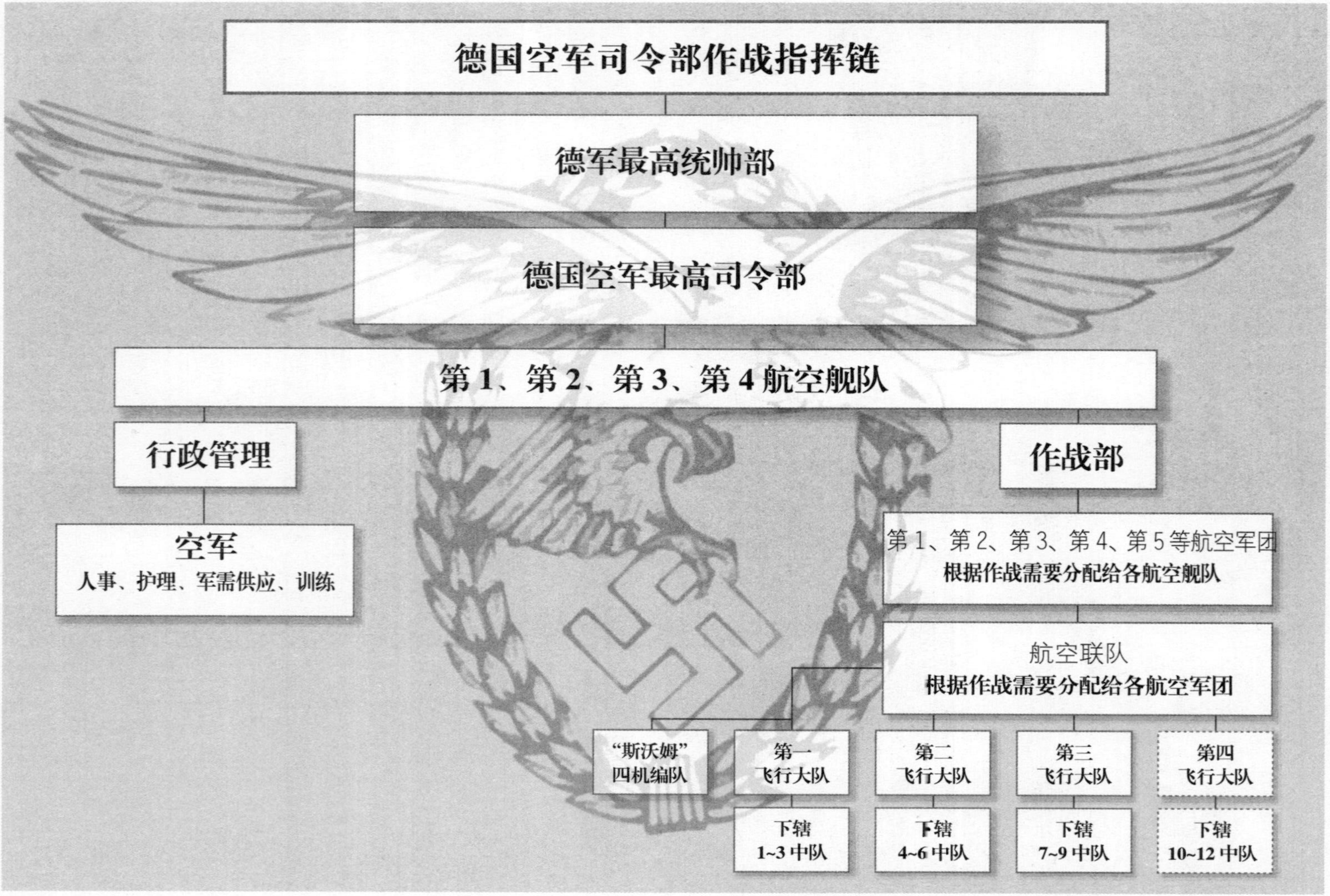

德国空军司令部作战指挥链

德军最高统帅部

德国空军最高司令部

第 1、第 2、第 3、第 4 航空舰队

作战部

第 1、第 2、第 3、第 4、第 5 等航空舰团
根据作战需要分配给各航空舰队

航空联队
根据作战需要分配给各航空军团

"斯沃姆" 四机编队	第一飞行大队	第二飞行大队	第三飞行大队	第四飞行大队
	下辖 1~3 中队	下辖 4~6 中队	下辖 7~9 中队	下辖 10~12 中队

行政管理

空军
人事、护理、军需供应、训练

上图：尽管德国武装部队受到《凡尔赛条约》的限制，但一个小的国防部在汉斯·冯·塞克特将军的指挥下得以保留。

上图：赫尔曼·戈林——希特勒的德国空军的指挥官，是第一次世界大战期间里希特霍芬联队的最后一任指挥官，击落敌机22架。图上右侧的是戈林。

航空公司运营着一些表面上看来是用于民用飞行，事实上具有轰炸的双重功能的飞机，而且还负责这类飞机的设计工作，这使一大批飞行员获得了远程飞行和驾驶先进飞机的经验。汉莎航空公司还发展出远程无线导航辅助设备，是第二次世界大战时期德国的探路者部队如KG 100所使用的设备的前身。随着时间的推移，德国的这种利用民航做掩饰的飞行任务变得越来越频繁，最终飞行任务发展到包括使用Do-11C轰炸机利用国家铁路巡查员的身份做掩护进行夜间轰炸飞行训练。

1933年，希特勒出任总理后，米尔希被任命为国家航空部的秘书，而部长则由戈林担任。但由于戈林还拥有许多别的头衔，并且将主要精力放在扑灭反纳粹力量上，因此，在创建新的航空部时，米尔希做的工作最多，他和维福将军一起为新的空军部队打下基础。1935年3月27日，希特勒宣布他的德国空军的存在，在官方为新部队成立而举行的庆典上正式委任戈林为空军总司令，米尔希成为国家航空部部长，维福将军担任空军总参谋长的职务。空军立刻接管了各类飞行学校、准军事组织和警察部队，包括一个纳粹党突击队（SA）中队。

根据官方公布的建制，德国空军有2万人，飞机1888架，希特勒宣布德国空军已经和英国皇家空军的力量相同。这几乎可以说完全是言过其实，因为新组建的空军装备的多数飞机是教练机或过渡型机种，真正能够执行任务的战斗

基础飞行训练

从1920年开始，大量未来空军部队的成员通过德国运动飞行队——以民用运动飞行为掩护的组织，使用滑翔机进行基础飞行训练。之后，许多该组织最优秀的成员通过NSFK（国家社会主义飞行联合会）前往维尔克斯飞行学校进一步接受训练。随着德国与苏联在1923年12月签署协议，从1924年开始，严格的军事飞行训练（秘密地）在苏联的利普特斯克进行。数百名飞行员和工程师悄悄地从部队退役，前往利普特斯克，并在那里重新入伍。结束了利普特斯克的学校的课程后，维尔克斯飞行学校肩负起几乎相同的职责，它招收平民和军官。平民（以及那些没有参加过第一次世界大战的军队人员）在学校设在施莱斯海姆的分支继续进行短期军事课程的学习，包括空对地射击、战斗飞行和特技飞行。似乎很少有人注意到从维尔克斯飞行学校输出的飞行员数量已经远远超过汉莎航空公司可以接收的数量。

机数量很少。同时，希特勒还宣布要保持空军的不断建设以达到同法国空军相同的规模。毫无疑问，这刺激了英国和法国扩建它们自己的部队，不过德国已经预见到这点，德国空军的扩建速度飞快。米尔希的第一个生产项目（4021架飞机的订单）是计划装备6个轰炸机、6

右图：所有未来的德国空军的飞行员都要接受滑翔训练，这样做使他们在开始驾驶马力强劲的飞机前能够对陆地的概况有全面的认识。

个侦察机和6个战斗机联队，每个联队下属3个大队，每个大队由3个中队组成。这些部队作为"行动指导单位"为空军快速、庞大的扩张提供了构架，使德国空军成为欧洲规模最大的空中部队。米尔希的生产计划从1934年开始实施，令人吃惊的是，对于这个项目外界几乎没有任何反应，即使这其中只有115架飞机是预定用来为德国汉莎航空公司服务的。

最初，轰炸机得到发展的优先权，不过米尔希计划从1937年起将重心转移到战斗机上（那时，轰炸机部队已经完成建设）。然而，随着米尔希失去影响力和权力，这个计划也被放弃。这将导致严重的后果，不仅仅在1940年。米尔希最重要的伙伴维福是新任空军总参谋长，维福对于空中力量的使用方法有惊人的领悟力，而且他还是一位非常出色的组织者。他们一起制定了空军的下一步扩建计划，其中包括一个重要的远程轰炸机（乌拉尔轰炸机）项目。这个项目的目的是生产一种能够攻击苏格兰北部地区或飞越乌拉尔山脉的轰炸机，其

左图：阿尔伯特·凯塞林元帅。

下图：一名DFS训练学校的学员正在为起飞做准备。在二战开始前和战争进行的过程中，DFS生产了许多不同种类的滑翔机，包括用来实施空降袭击的运输机。

上图：阿道夫·希特勒在德国的城镇进行巡游。德国人将他们具有超凡魅力的元首当作德国的救世主。而事实上，他让这个国家遭受了另一场更大的灾难。

结果是预订容克Ju-89和道尼尔Do-19型轰炸机（装备4台发动机的轰炸机，相当于英国皇家空军的"斯特林"轰炸机）。

维福将军的去世使所有留下来的重要的远程轰炸机项目都变得很容易地被取消了。其实这些项目早就已经处于危险之中，当时盛行的短视的作风导致了这样的局面，因为任何被认为无法立刻产生作用的项目都会被区别对待。戈林

和他的技术部门的领导人都是战斗机飞行员出身，对于轰炸机的优点根本不理解，而接替维福成为空军总参谋长的是阿尔伯特·凯塞林，他是作为一名陆军军官开始军旅生涯的，转调到空军的时间相对来说不长。这使他很自然地将处理与陆军需要相关的事宜放在工作的首位，而且，他还成为战术空中行动的极力鼓吹者。他没有继承维福在远程重型轰炸机项目上的热情。留下来的重型轰炸机项目的支持者们缺乏影响力导致项目举步维艰。就这样道尼尔Do-19和容克Ju-89的命运被打上了封印，这对于英国人来说无疑是好运气。这些型号的飞机如此轻易地被放弃了，它们的原型机也被拆解。而且，围绕着"兀鹰"军团不断取得的胜利而产生的激动情绪以及轻型战术轰炸机在西班牙的成功使用，似乎没有人会介意项目的取消。那些对于缺乏远程轰炸机丝毫不存在顾虑的人，以第一次世界大战时期的王牌战斗飞行员恩斯特·乌德特为代表，他凭借一种推断来证明"希特勒永远都不会让我们参加一场可能离开大陆的边界作战的战斗"。

当然，这些飞机制造项目被取消也令许多人感到震惊。在20世纪30年代，相信远程战略轰炸机是一种潜在的赢得战争的武器的想法被广泛接受，每一支空军部队都有这种理论的追随者，如特

伦查特、比利·马歇尔和意大利的杜黑等。政治家们预测在未来的战争中"远程战略轰炸机将一直是战争的决定性因素",这个预测令人沮丧,许多人预见在将来任何一场战争中远程战略轰炸机都会给城市和居民带来"来自空中的恐怖"。事实上,外界普遍认为如果德国空军继续向前发展,并拥有一种远程轰炸机,那么整个不列颠战役可能会改变。而真实情况是,发展Ju-89和Do-19的计划都被取消了,在此之前亨克尔He 117项目早就已经开始(作为A型轰炸机),这有可能使拆解容克和道尼尔重型轰炸机的原型机变得更加微不足道。尽管由于技术问题使这种大型的亨克尔飞机直到1940年才能服役,可是最终它的航程和载弹量超过了此前被放弃的任何一种机型。然而无论存在什么样的理由,德国空军在进行不列颠战役的过程中没有远程轰炸机都是不争的事实。

下图:哥塔GO 145双翼训练机是哥塔公司在1933年10月恢复生产后生产的第一种飞机。这种飞机的设计是成功的,其他公司也收到订单生产这种飞机。

出于嫉妒米尔希的权力和影响(他已经成为元首在航空领域的主要顾问,而戈林则集中精力在警察和其他事务上),赫尔曼·戈林剥夺了米尔希的职权,将它们委派给其他官员,只让他保留国务秘书的职务。为了巩固自己的地位,戈林提拔了许多第一次世界大战时期的亲信担任要职,这为德国空军埋下了祸根。戈林的这种做法使恩斯特·乌

德特成为技术部总监，而这个职位是他无论如何都不能胜任的。当然，战争时期的战斗机飞行员也确实包括一些能力很强的专家在内，他们对于羽翼未丰的德国空军来说是一笔难以估算的财富。这些人中就包括沃尔夫曼·冯·里希特霍芬（著名的雷德男爵的表兄弟），他后来成为 名最重要的指挥官，而且是空军成功的"闪击战"学说背后主要的支持力量之一。然而，以米尔希和维福为代表的天才的战略家是极少的，而且米尔希开始担心，如果戈林出现重大错误，他将成为替罪羊。基于这种想法，他申请允许他回到汉莎航空公司，集中

上图：在这张照片中，一位年轻的滑翔机训练员正注视着天空。纳粹的宣传机器很好地利用了年轻人的热情。

精力经营这家公司。但是戈林拒绝了，并禁止他退休。

到1935年为止，德国空军一直沿着一条良好的道路发展着，并逐渐成为一支规模庞大、技术上训练出众的空军部队，缺少的只是行动经验。即使是这点也很快得到了弥补。85名志愿者（20架Ju-52和6架He-51）在1936年被派往西班牙，他们的第一次行动是将弗兰克的外籍军团从德图安送往塞维利亚。1936年12月，"兀鹰"军团由施佩勒少将组建（由沃尔夫曼·冯·里希特霍芬将军担任参谋长）。部队由志愿人员组成（包括最初乘坐"愉悦力量"号巡洋舰前往西班牙的370名飞行员），在介入西班牙内战的过程中，"兀鹰"军团的规

下图：2架完美的亨克尔He-51战斗机。在新组建的德国空军正式向外界公布其存在之前，大约有80架这种飞机在空军服役。

德国空军的新飞机

在不列颠战役期间构成德国空军中坚力量的飞机都在空军设在雷赫林的测试中心接受过全面评估。在1936年进行评估的飞机包括梅塞施密特Bf-109、容克Ju-88、道尼尔Do-17和亨克尔He-111。容克Ju-87已经在前一年接受过测试并下了生产订单。德国的这些新一代作战飞机的性能超越了同时期正在服役的英国机种，不过由于它们是战争开始前出现的机种，因此在不列颠战役进行期间，英国为了对付德国空军而设计的机型性能要比它们出色。只有在轻型轰炸机领域，英国无法与德国匹敌。这是因为皇家空军要求飞机能够在草地跑道快速起降，这使轰炸机太小，设计过时而且太轻。永远都不能指望像布里斯托尔"布伦海姆"这样的飞机能够与Ju-88或亨克尔He-111相提并论。

模大大扩充，它作为一支半自治的空军支援了弗兰克将军领导的部队的行动。

西班牙为数百名德国空军的飞行员提供优秀的训练场所，他们通过"兀鹰"军团轮换前往西班牙执行任务。同时，德国空军还发展并完善了适合新一代作战飞机使用的战术。例如，沃尔夫曼·冯·里希特霍芬总结出俯冲式轰炸机和近距离空中支援的战术，而沃纳·莫尔德斯则创造了新的、革命性的战斗机战术。和莫尔德斯一样，许多后来在第二次世界大战时期出名的战斗机飞行员（包括一些在不列颠战役中表现最出色的王牌飞行员）都是在西班牙战场磨炼的技术。西班牙内战结束后，"兀鹰"军团的老兵们回到了他们各自所属的部队，并将宝贵的战斗经验传授给其他飞行员。

西班牙内战还为德国空军提供了发展战略和战术学说的机会，在后来欧洲战场进行的战争中，德军就运用了这些成果。为弗兰克的部队执行的攻击性任务，使"兀鹰"军团发展出使用飞机进行近距离支援的新理念，用战斗轰炸机攻击对于高空轰炸具有抵御能力的目标，并利用俯冲轰炸机执行被称之为

上图：容克的Ju-87V-4是A系列俯冲式轰炸机的样机，"斯图卡"系列的第一架。在第二次世界大战开始后的最初几个月内，这种飞机为德国陆军提供了有效的支援。

下图：德国"兀鹰"军团的飞行员们在飞行间歇用餐。作为背景的是一架亨克尔He-45，德国在西班牙内战时小规模地使用了这种飞机，主要执行侦察任务。

"精确炮兵"的任务。与此同时，护航的战斗机负责扫清敌对的空中力量。不过这种空战模式的发展阻碍了空军在其他重要领域的发展，还导致过度依赖俯冲式轰炸机。此外，这是一种只有在取得完全制空权的前提下才能发挥最大作用的空战模式。当这一前提条件缺乏时，德国空军使用这种战术取得的作战效果将大打折扣。因此，当1939年战争爆发时，德国空军是一支训练有素的能够承担与地面高速机动部队相关的空中战术支援的部队，但对于1940年不得不与英国进行的不列颠战役来说，德国空军依然缺乏良好的、完备的准备工作。

尽管有大规模生产，但根据当时的《慕尼黑协定》，德国空军仅保留小规模的前线部队，只有453架可以使用的战斗机、582架可供使用的轰炸机和159架有用的俯冲式轰炸机。不过，部队的扩建在持续进行着，特别是在吸纳了奥地利的飞机制造厂和飞行人员后。到了1939年，德国空军已经做好了支持一场大规模战争的准备。

帝国元帅赫尔曼·戈林

希特勒的德国空军的领导人经常被人们用讽刺的方法和滑稽的比拟来形容，以至于难以辨别这个复杂人物的真面目。作为一个肥胖的、略带女人气的小丑，无视现代战术和技术，而且过于注重精美的制服，领导空军部队时又好大喜功，戈林是一个太容易被解除职务的人。就像所有持久不变的传说一样，这样一幅画面确实有其真实的一面，不过也同样有对事实扭曲的一面，这种描绘过于片面，并没有什么特别值得利用的地方。

赫尔曼·戈林在调往帝国空军前曾经作为一名观察员服役，在战壕中受过重伤，后来他成为一名飞行员。在第

下图：在德国空军的发展过程中，团队的自豪感是一个重要的因素。在这张照片上，一队德国飞行员举着他们的中队队徽列队站在一架亨克尔He-111轰炸机前。

下图：道尼尔Do-17轰炸机在20世纪
30年代时飞越纳粹集会场所的上空。
Do-17是在一种能够搭载6名乘客的
快速邮政飞机的基础上设计出来的。

左图：作为拥有
22场胜利的第一
次世界大战空中
王牌飞行员，赫
尔曼·戈林是里
希特霍芬飞行队
的最后一位司令
官。

上图：德国空军的总指挥、希特勒的主要助手之一——赫尔曼·戈林在第一次世界大战时就已经成为王牌飞行员。

一次世界大战期间，随着雷德男爵的去世，他获得晋升，指挥里希特霍芬的"马戏团"，并赢得高度赞扬。

1922年加入纳粹党后，戈林在早先几年领导SA（纳粹党突击队）。随着纳粹党完成向大众政府的转换并赢得选举，戈林为NSDAP（国家社会主义工人党）带来了尊重和责任。1928年，戈林加入国民议会，很快获得了许多重要的职位，他成为议会主席、航空部部长和普鲁士首相。他还建立了盖世太保和集中营，成为德国第二号最有权力的人物。他在战争时期受的伤（以及在1923年慕尼黑暴动时受的伤）是导致他成为一名吗啡瘾君子的为人所知的原因，在他进一步沉迷于此并因此而患病之前原本是可以将毒瘾戒掉的。

腐败、虚荣和懒惰是他的特点，戈林在20世纪30年代只不过是在看着德国空军的重建，最初他利用自己的政治影响和关系帮助并保护埃尔哈特·米尔希，后者从事创建一支空军部队的艰辛工作。然而与此同时，戈林却开始倾向于任用亲信，而这导致许多著名的不明智的委任出现，最典型的就是任命恩斯特·乌德特（"里希特霍芬"联队的王牌飞行员，在第一次世界大战期间击落了62架敌机）成为德国空军技术部负责人。进一步追溯空军指挥链的下端，刚刚重建的德国空军有很多第一次世界大战时期的战斗机飞行员，其中许多是王牌飞行员，而且他们中有不少人留在部队，在不列颠战役期间相当活跃。

戈林盲目地为他的空军感到自豪，而他却并没有为领导这支部队做真正的准备。他没能理解现代空中力量，缺乏智慧地把握空战的潜力和局限性的能力。作为一名曾经的战斗机飞行员，戈林很自然地将兴趣放在战斗机上，而且他还是狂热的空中战术支援的鼓吹者，不言而喻的是，这种作战方式是荣耀的、令人激动的，而运输机、物流和空军力量的学说则使他感到无趣。如果戈林仅仅是一位名义上的领导人，那么他的热情和骄傲将会非常有用，然而他却还希望成为事事掌控的指挥官。他的决定似乎主要是根据直觉作出的，并非依靠洞察力或是智慧，而且他过分喜欢委任代表（常常糟糕地选择下属）使自己能够减少工作。对于德国空军来说，非常不幸的是，他们的最高指挥官如果发现任何可以体现个人荣耀或是他认为能够讨好他所爱戴的元首的机会时，总是喜欢亲自下达命令。

德国空军的发展能够应对在波兰和低地国家进行的战争是情理之中的事，因为在战争的最初阶段空军就能够取得绝对的制空权，虽然在法国的战斗被证明代价极为高昂，但最终获得的胜利足以掩盖任何缺陷。与英国皇家空军的交战经验使一些德国空军的飞行员预测不列颠战役将是他们接受过的任务中最困难的一项。与此同时，欣喜若狂的希特勒授予戈林当时还是独一无二的帝国元帅头衔，德国空军在法国和低地国家取得的胜利蒙蔽了希特勒，而戈林的夸耀又一次使他打消了顾虑。

德国空军——正如我们之前已经分析的——没有足够的装备进行打击英国的空中战役，此外戈林糟糕的指挥也是一个同样重要的导致德国最终失败的因素。戈林为他的空军争取到不列颠战役期间的首要职责，他向希特勒保证仅仅依靠他的空中部队的轰炸就能够让英国屈服，然而戈林却没有在英军完成敦刻尔克撤退后利用英国的弱点发动攻击。戈林发动对于英国的护航船队和海岸目标的攻击速度也是极其缓慢的，这给了皇家空军一个无价的喘息机会。即便是战役已经拉开大幕，戈林也没有关于此次战役的明确的指导思想，不知道应该怎样获得他许诺得到的战果。到了7月16日这么晚的时候，他还在询问他的下

下图：梅塞施密特Bf-109单翼战斗机的样机。1935年9月，它从奥格斯堡起飞，首次进行试飞。

上图：西班牙上空，"兀鹰"军团的一个道尼尔Do-17P-1飞行编队。"兀鹰"军团用道尼尔这种型号的飞机执行高空侦察任务，结果证明非常有效。

属应该如何获得制空权。然而，似乎这些还不够，戈林希望足不出户地策划行动，强迫他的下属频繁地往返于他们在法国的指挥部和他在普鲁士的官邸之间。除了少数几次乘坐装甲列车出巡，事实上，戈林直到9月7日战役失败后才前往位于法国前线的指挥部。

最初，戈林将轰炸机当作诱饵，试图把皇家空军拖入一场消耗战。可是皇家空军上将道丁和空军少将帕克仔细衡量实力并谨慎地应对德国空军，在将德国空军的袭击效果减小到最低的同时保留了皇家空军的力量。马科斯·黑斯廷斯将德国空军的轰炸描述为"一种没有明确路线的方式，完全不符合逻辑"。

的确如此，德国空军轰炸的特点是快速更换轰炸目标，而且在转换轰炸目标前没能对不同的战略目标进行正确的轰炸效果评估。另外，戈林的德国空军没有集中精力攻击重要目标，或是在成功的袭击后没有对特定目标实施后续打击以造成最大破坏。

将空袭目标从战斗机指挥部所属的

机场转变成伦敦和其他城市就是这种倾向著名的例子，而这样的转变在一次又一次地重复着。例如，当德国空军对考文垂发动破坏性的攻击后，这座城市的工业生产能力大约需要5天能够恢复正常水平。如果德国空军再回来轰炸一至两次，那么在很长的一段时间内这座城市都将处于非生产状态。然而，在下一次空袭到来前，几个月的时间过去了。更值得注意的是，德国空军为空袭目标所列的名录与轰炸机部队的规模不相匹配。如果德国空军能够集中力量攻击一个目标，那么他们很可能打败英国的战斗机指挥部，或者摧毁控制与情报系统。也许如果德国空军能够更早一些、更坚决地实施全力袭击伦敦的行动，那么英国或许会被迫寻求和平。可是，德国空军选择攻击所有这些目标，结果证明它的规模根本不足以支撑戈林期望中的战役。

戈林乐观地估计德国空军能够在两三周时间内赢得胜利是根本不可能实现的，而且他对于战前作战计划制定人员着重考虑的问题不予理会。1938年，费尔米将军指出如果打算与英国交战，必须大规模扩充德国空军的力量（达到58个轰炸机作战单位）——包括不少于13个精锐的反舰航空联队。他得出的结论是，德国空军只能取得针对英国的"破坏性的效果"，而战争将"收获甚微"。不到一年之后，在1939年的早些时候，盖斯勒将军就确认，如果空军不进行大规模扩建，现有的力量是不足以

下图：福克沃尔夫Fw 56是德国空军装备的一种先进的教练机。恩斯特·乌德特在发展俯冲轰炸技术的时候驾驶过这种飞机，这种技术后来被"斯图卡"使用。

上图：新组建的德国空军的高级军官们正在机场上开玩笑。站在右边的是沃纳·莫尔德斯，西班牙内战时期和不列颠战役期间的一位王牌飞行员。

上图：一名年轻的报务员/射击手在亨克尔He-111轰炸机的机头。战争进行到这个阶段，德国轰炸机的火力已经不算强劲，因此，轰炸机的处境相当艰难。

发动对英国的进攻并取得胜利的。

即便如此，戈林也不应该承担德国空军在不列颠战役中失败的全部责任并面对所有指责。因为即使是他们得到更好的领导和指示，有许多人相信戈林的下属们还是不可能完成手头的所有工作。比如，米尔希，他的负担过于沉重，而且他本人并不太受欢迎，而乌德特从本质上来说根本就不适合担任分派给他的办公桌前的工作。更糟的是相互竞争的指挥官之间的争论，就像英国战斗机指挥部的负责人道丁不得不协调他的两位指挥官间的争论一样，赫尔曼·戈林也不得不面对主要的航空队的指挥官们就攻击英国的最佳战略而展开的争论。施佩勒希望全力以赴，重点攻击港口和物资储存地点，而阿尔伯特·凯塞林则希望通过外围攻击英国——包括直布罗陀和地中海，将力量集中在英国境内相对有限的目标上，特别是伦敦。戈林能够制定一些规则，而他的航空队的指挥官们也确实在一项统一的计划下一起工作，只是（正如我们已经分析过的）这项统一的计划过于频繁地被改动，以至于根本无法见效，而且德国空军也从来都没有足够的资源来真正实现这项计划。

动机和战争的目标

任何试图对希特勒真正的战争目标进行的分析都是非常困难的。第三帝国出了名的很少根据书面命令采取行动，而且希特勒的下属们在行使权力时有相当的自主权，根本不需要多少指示，他们会根据自己认为的能够取悦希特勒的方式执行。希特勒本人很少对自己的动机作出暗示，除了在最初的那些日子里和那本难以理解的《我的奋斗》中。事实上，他或许是受到一系列不断改变的态度的驱使，也可能是对他的下属们的一些建议的反应以及对民族自豪感和荣誉感的一种个人理解。西线的局势使得那些讨厌的令人分心的事务越来越多，希特勒当时正在准备一场被他视为"历史使命"的东征行动，对手是布尔什维克、斯拉夫人和犹太人——这是一场能够为雅利安人提供更大的生存空间的战争。最后所有一切都要服从于希特勒自己的"神圣战争"，这意味着德国甚至将不得不与一个曾经就连希特勒自己都希望作为同盟的国家交战。

第二次世界大战爆发后，希特勒或许真的非常烦恼地发现自己正在同英国交战，虽然第6号元首指令（1939年10月9日）正式确定攻占低地国家，以便提供一个基地用来"成功地发起一场针对英国的空中和海上战役"。不过这几乎完全不能代表他在战争进行的第一年的想法。希特勒的直觉是，对德国来说，与英国的战争最终只会以一场灾难收场，即便是德国看起来获得胜利。希特勒羡慕英国人，并把大英帝国评价为世界上的一支非常稳固的力量，他只是希望英国能够承认他在欧洲大陆的地位（获得的领土）。在德国也有确实想同英国开战的纳粹党人——如外交部部长冯·里宾特洛甫，他认为"两棵靠得太近的大树不可能同时枝繁叶茂"。

一位当时著名的历史学家评论道："德国人对于英国的看法通常都是由于那些愚蠢的人的引导形成的，如冯·里宾特洛甫。"这或真或假，不过可以确定的是希特勒自己对于英国并没有真正的理解或认知。他的看法由于同内维尔·张伯伦打交道的经验而变得扭曲，另外，他还受到了过分夸张的报告的影响，错误地估计了在英国的法西斯主义

下图：一架早期型号的梅塞施密特Bf-109正在西班牙上空飞行。"Bf"缩写代表巴伐利亚飞机公司。

左图：一架早期型号的梅塞施密特Bf-
109B，它采用封闭式机头，配备3挺MG 17机
枪，其中一挺通过螺旋桨毂射击。后来它被
一门20毫米口径的航炮取代。

至是温莎公爵才会在他们早年访问德
国后公开发表赞许的评论。但是1938年
后，就算是英国的法西斯主义者都减少
了他们对于纳粹德国的赞扬。

希特勒相信英国依旧保持着半封建
制度，只有最低限度的民主存在。在英
国，法西斯主义者的影响力非常小（他
们在大选中的表现就是证明），而德国
方面却认为他们已经占据非常重要的地
位而且很强大。纳粹认为，丘吉尔是不
受欢迎的，社会局势动荡的情况在英国

和亲德组织的力量、发展和影响力。他
也没有意识到，自从他入侵捷克斯洛伐
克开始，英国对待德国的态度已经改变
了。在1938年前，即使是持中立态度的
政治家们都为希特勒的魅力所折服，对
于他在德国创造的一切印象深刻。正是
因为这些印象，大卫·劳埃德·乔治甚

下图：亨克尔He-118的样机，这是一种前
途光明的俯冲式轰炸机，但这个项目最终被
放弃，因为乌德特在一次试飞中被迫弃机跳
伞。

梅塞施密特Bf-109

左图：亨特·吕佐夫，德国的第3战斗机联队在不列颠战役期间的一位王牌飞行员。

技术参数

乘　　员：1人
最高时速：560千米/小时
最大航程：660千米
武　　器：2门20毫米口径航炮和2挺7.92毫米口径机枪
产　　地：德国

在不列颠战役期间，德国空军使用的唯一一种单人座战斗机是梅塞施密特Bf-109。这些飞机得到更重型的、航程更远的、双引擎的Bf-110的支援，事实证明这些飞机在面对决定性战斗时总是显得能力不足，但Bf-109注定要替德国空军挡住皇家空军的冲击。5月10日，当德国空军已经开始西方战役时，已经有1016架Bf-109服役，在法国和低地国家遭受令人难以置信的损失以及对消耗的缓慢补充后，7月20日能够集结的Bf-109的数量是809架（656架能够参加行动）。到8月10日，在离戈林雄心勃勃的"鹰日"到来还有3天的时候，Bf-109E战斗机的数量上升到934架，其中805架能够参与行动。但是这还远远没有达到有力挑战皇家空军的战斗机指挥部的数量，而且随着战役的继续，快速制造和维修的能力使皇家空军的实力不断增强，而德国空军战斗机的数量却在逐渐减少。尽管如此，Bf-109依然是致命的、可怕的对手。

梅塞施密特Bf-109的样机在1935年9月首次试飞，采用英国劳斯莱斯的KeSTReL引擎。后来的样机采用容克的久茂210引擎，并从1937年开始部署生产出来的Bf-109B，最初这些飞机给了JG 132"里希特霍芬"和"兀鹰"军团的II./JG 88，在西班牙作战。之后衍生出来的型号则采用可变距螺旋桨推进器和马力更强劲的引擎，直到后来的Bf-109E，采用1100马力的DB601A引擎。

Bf-109E-3和E-4这两款衍生机型是不列颠战役期间德国空军使用的主战飞机，武器采用设置在机头的2挺7.9毫米口径MG 17机枪，在机翼上设置2挺MG 17（Bf-109E-3），或20毫米口径的MG FF航炮（Bf-109E-4）。Bf-109E-4并没有在机翼上安排加装第3门航炮的位置，到1940年航炮的设置也依然很少在E-3上使用。一些更早生产的Bf-109E飞机也在使用之中，包括E-1，这个系列中有些被改装成战斗轰炸机定名为E-1/B，此外还有一些E-4/B和E-7装备部队，它们能够携带外置的可丢弃的副油箱，不过这些飞机直到不列颠战役后才公开使用。

许多人认为Bf-109是它这一代中最出色的战斗机。当然，Bf-109对于上一代的战斗机，如霍克的"飓风"有相当优势，但这种优势并不像宣传机构宣称的那样。许多Bf-109E被"飓风"式战斗机击落，甚至被使用固定的传动机构、开放式座舱的PZL P-11击落。因此这种优势并不是压倒性的。

Bf-109相对于旧款的"飓风"式战斗机来说在许多方面都有明显的优势，而且它相对的强大也能够掩盖一些不足。而遇上"喷火"式战斗机时则完全是另外一种情况。Bf-109的不足过去一直被它明显的优点所掩盖。"喷火"I型最初使用固定距双叶螺旋桨推进器，直到不列颠战役开始后才开始使用全可变距、恒定速度螺旋桨推进器。"喷火"I型的火力也不够强大，相对于Bf-109的航炮来说显然造成的打击小得多。Bf-109采用燃料直接输入方式可以让飞行员在不关闭引擎的情况下直接进行俯冲。

然而这些"优点"有时候并不像描述中的那么重要。Bf-109很少使用这些问题不断的航炮，而且飞机上只配备2门航炮，而不是3门，这些航炮的射击速度又很慢。Bf-109可以更方便地采用俯冲技术的能力有时候也并不像宣称的那么重要。飞行员要承受这种重力并不是容易的事，开始俯冲当然可以让速度更快，但要将飞机拉起来却非常困难，需要承受很大的重力。无论如果，快速逃跑的能力在击落敌人时的用处都是有限的。

"喷火"式（甚至是"飓风"式）具有超一流的操控性能，在高速飞行的情况下控制的力量更小，机翼的负荷更低，而且还设置了方向舵的微调装置。英国的战斗机也没有和Bf-109E类似的糟糕的自动开放式前缘缝翼，能够在所有高度都对Bf-109施压。英国的飞行员可以从他们的座舱得到更好的视野，防弹玻璃也普遍装备到飞机上。

如果Bf-109E能够具有比"喷火"式更出色的行动能力，就像它们在战争初期表现出来的那样，那么德国空军训练和战术都极为出色的飞行员们就能够安全地发挥他们的技术。当皇家空军的飞行员开始获得战斗经验后，他们与德国对手在个人素质的各个方面都会变得相当，而当Bf-109授命与轰炸机靠近时，就已经决定了战役的优势从他们的手中失去。不论Bf-109和"喷火"I型各自相对具有怎样的优点，现在很清楚，梅塞施密特在109的开发上已经达到极致，而"喷火"式的潜力还没有完全发掘。Bf-109还有其他衍生机型，但除了速度更快，有时候火力配备更强一些，在灵活性方面并没有超越此前的机型，皇家空军的战斗机则在接受全方位的改进。

新型号的梅塞施密特战斗机投放过晚，已经无法对不列颠战役起到影响。这种型号就是Bf-109F，飞机整体进行了重新设计，并赋予马力更强劲的引擎。弗雷德里希的流线型设计更加先进，飞机的重量更轻，因为将武器数量削减到1门航炮和2挺机枪，飞机的跨度增加并采用圆形翼尖。最早一批生产出来的Bf-109F-1被送到JG 51接受评估，这些飞机直接参与行动。齿轮的问题使飞机正式进入服役的时间推迟到1941年3月。而"喷火"式V型的服役抵消了这种飞机的优势。

确实存在，而且与德国保持和平状态会得到广泛支持。英国的情报部门鼓励英国的法西斯主义者将错误的、具有误导性的报告传回德国，并且饶有兴味地阅读德国向根本不存在的或是软弱的革命组织和反丘吉尔的"抵抗力量"发送的电文。

希特勒是一个受直觉、不正常的种族观念和一定程度的神学影响的政治家，不过他并没有与生俱来的反英情结。即使在法国战场的战事结束以后，希特勒已经能够预见到他与温斯顿·丘吉尔以及一些确定的英国"统治阶层"之间的必然的争斗时，他依然没有强烈的反英情绪——不然他很可能将其描述为和受犹太人控制的一样。他觉得英国人和德国人不是"天生的敌人"，而且他羡慕并称赞大英帝国是世界上的一支

左图：德国的王牌飞行员阿道夫·加兰德。他驾驶过德国空军的所有战斗机，从1934年的亨克尔He-51双翼战斗机，到1944年的梅塞施密特Me 262喷气式战斗机。他是一位极受尊敬而且能力出众的战斗机部队指挥官。

下图：亨舍尔HS-123俯冲式轰炸机从1936年开始服役，但很快就因为容克Ju-87"斯图卡"的出现而黯然失色。尽管如此，它依然留在前线服役直到1940年。

希特勒对于英国的尊敬

希特勒从没有想过要与英国交战，这点是毋庸置疑的，他对这个国家的人民和制度极为尊敬。他曾经将英国的议会系统描述成"一个国家自治的亚政府体系"，他还对英国的陆军、海军和学校表示出尊重的态度。在《我的奋斗》一书中，他将英国说成一个"德意志的兄弟国家"和一个"优等民族"，甚至与德意志的种族一样高贵。希特勒梦想中的德意志帝国（占据着欧洲大陆）能够与拥有海上霸权和海外广泛领土的英国并存。甚至到了战争开始相当长一段时间后，在德军向莫斯科推进时，希特勒在评价英国时依然说："他们的粗鲁是不公正的，不过我依然羡慕他们。我们在那里有许多东西要学。"

稳固的力量。弗里克——海军的一位高级策划官准确地揭示出纳粹对于英国的态度："在整个世界上，英国是白人的声誉的缩影，因此，英国的毁灭将对整个白人种族带来负面影响。"

虽然英国依然被视为一个潜在的盟友（只要反对德国的丘吉尔政府下台或者能够明白这其中的"道理"），但此时德国与英国的友谊已经不再被视为必须。随着英国不会根据德国的条款寻求和平这一事实变得越来越明确，将战争进行下去的必须性也被接受了。与英国难以达成共识的真正原因在于，英国接受和平的先决条件是德国从波兰撤军。而波兰是德国向苏联发动进攻的跳板，因此这是不可能被德国接受的，僵局在所难免。随着希特勒越来越专注于即将到来的进攻苏联的行动，解决西方战线的要求也变得迫切起来。虽然英国并不被认为是德国在实现其雄心的道路上的严重障碍，但德国方面觉得有必要在发动对苏联的进攻前取得一场快速的胜利。在纳粹的决策层内部，有一些人警告不应该低估英国，但他们的警告并未受到关注。

即使到了1940年7月19日，交战已经迫在眉睫的时候，希特勒依然希望能够同英国签订和约，而且他还提出了和平的要求。"此时此刻，在我的良知面前，我认为自己有责任再次向英国呼吁。我认为自己有资格这样做，我并不是作为被征服者在乞求获得宽恕。我是作为一名胜利者理智地发出呼吁。我找不到任何有必要让战场战争继续进行下

上图：1937年，一架刚生产出来的容克Ju-87A-1进入第162斯图卡联队服役。和其他德国出产的作战飞机一样，Ju-87也在西班牙战场接受了评估。一个被称为约朗瑟凯特的作战单位装备了这种飞机。

下图：一辆德国装甲车上方，3架"斯图卡"俯冲轰炸机正在低空执行地面支援任务。

去的理由。"

虽然一些与那个时期有关的政府文件至今仍然对公众保密，但有足够的理由相信英国确实或最低限度地加入了秘密的和平谈判，而且谈判在正式宣战之后依然持续了一段时间。不过到了1940年年中时，英国政府中再也没有任何人指望同希特勒进行谈判，因为人民大众

左图：德国空军是德国宣传机器的理想工具，眼神刚毅的飞行员的照片是"日耳曼民族之神"的体现。

不会同意这样做。丘吉尔对希特勒毫不妥协的态度得到了共鸣，公众处于保卫英国的高涨情绪中。

英国方面没有任何对于希特勒的"呼吁"的回复，除了来自哈利法克斯的言简意赅的评论："我们将战斗不息，直到自由得到保证。"英国政府对于作为协调人的瑞典国王的回复更加清楚。"这些可怕的事件"，丘吉尔写道，"已经用无法抹去的污点使欧洲的历史变得黑暗。英国政府看着他的民众和战士自1939年10月开始，凭借他们的原则和决心战斗，没有任何理由以任何方式倒退回去。相反，他们打算依靠自己的力量，采取任何可行的方式将打击德国的战争进行下去，直到希特勒主义最终被粉碎。将这个世界从一个邪恶的人强加在它身上的诅咒中解救出来的信念是如此强烈，他们宁愿玉石俱焚，也不愿放弃他们的职责。"即使提议被否决，而且面对如此敌视的态度，希特勒依旧希望出于不必面对完全的和灾难性的失败的想法，英国政府会寻求和平，或者至少从某个方面来说，不列颠战役（一场独立的空中战役，最初的目标是英国武装部队和工业设施，而并不是英国人民）可以被视为希特勒同英国为了达成某种类型的"和平"而做的最后努力。

"海狮"行动——计划

德国是否真的打算入侵英国？任何形式的入侵是否存在成功的可能性？虽然这些问题的答案存在重大分歧，但是入侵计划的框架——代号为"海狮"的行动计划早在7月初就已经匆忙地拟订好了，它是在1939由雷德尔上将制订的推测性的计划的基础上制订的。雷德尔制订这样一个计划是因为他不希望如果有一天希特勒和陆军部突然要他提交一份关于入侵行动的运输和保护方面的方案时，自己会表现得毫无准备。虽然名义上这是一份入侵计划，而事实上雷德尔的计划是一份系统的组织良好的意见书，用婉转的方式表述了入侵的不可行性。

戈林的副手埃尔哈特·米尔希在法国刚刚沦陷时，就已经制订了一项及时的入侵英国的计划，他希望利用德军保持的进攻的势头和比天还高的士气以及英国军队在敦刻尔克撤退后的迷茫与混乱的状态发动进攻。6月4日，他亲自乘坐飞机飞越敦刻尔克，发现英国远征军撤退时留下了数量巨大的重型装备。敦刻尔克撤退使英国远征军在人员方面得到保留，却丢下了装甲车辆、运输设备、重型武器以及大量物资。敦刻尔克撤退刚刚完成时，英国军队的弹药和步枪供给甚至都出现了问题。在英国百代

道尼尔Do-17

道尼尔的Do-17轰炸机是德国空军在不列颠战役期间部署的数量最少的一种轰炸机，不过有些人认为它是最有效的一种，这个时期的大多数德国飞机在设计伊始就准备作为军用飞机使用，只是最初都是采用民用的身份作为掩护——伪装成航线班机或高速邮政飞机。而Do-17则恰恰相反，它在设计时确实是按照高速邮政飞机的使用来考虑的，机头的驾驶舱和机翼后方的乘员舱都很狭小，乘员舱只能容纳6个人，而且进出很不方便。这点被意识到得太晚，3架已经生产出来的样机被保存起来，它们一直被留在那儿直到有一天一名好奇的RLM测试飞行员发现了它们，他驾驶其中的一架进行测试飞行，结果这种飞机的表现给他留下了深刻的印象，并建议将它改装成一种高速轰炸机。

Do-17从1937年开始服役，在西班牙与"兀鹰"军团一同战斗。Do-17F-1是一种侦察机，装备2部RB50／18或RB50／30照相机。

Do-17E和Do-17F后来被与之类似的Do-17M和Do-17P取代，Do-17M和Do-17P分别是Do-17系列中的轰炸机和侦察机种，与早先机型的区别在于它们使用900

技术参数

乘　　员：4人	
最高时速：410千米／小时	
最大航程：1500千米	
武　　器：4至8挺7.92毫米口径机枪	
产　　地：德国	

马力的布拉莫法弗利尔323A或宝马132N引擎，取代了最初使用的内置式DB600。新的引擎略微提升了飞机的最高时速，使其超过480千米／小时。在战争初期，使用DB600的型号依然在有限的范围使用，不过当不列颠战役开始后，所有这种型号的Do-17都从前线部队消失了。5月10日，德国空军中有188架Do-17M和Do-17P可以使用，另外还有338架经过进一步改进的Do-17Z。

Do-17Z在生产时使用功率更大（1000马力）的布拉莫232P星型引擎，具有二级增压能力。非常明显的是，飞机的机身前部重新进行了设计，变得更深、更宽敞，机身下方增加了一个非常大的类似于吊舱的结构。这种结构最初在Do-17S（只是在试生产的时候）采用过，而且使这种飞机看起来更像Ju-88。它可以搭载的乘员数量上升到5人，但载弹量依然略显不足，只有2200磅。进攻武器则增加到6挺7.9毫米口径机枪，一挺固定，一挺向前，机身背部和腹部各有一挺能够自由射击的机枪，另外两侧的舷窗还各设置了一挺机枪。这些武器都是单独设置的，射击的区域都相对有限。与"威灵顿"和"布伦海姆"这样的采用多挺机枪组合的炮塔形式的机型相比，Do-17的武器只能作为最后一道防御屏障。尽管如此，在不列颠战役期间这种飞机却击落了数量惊人的皇家空军的战斗机，这些被击落的飞机要么是发动攻击的距离过于接近，要么是攻击性过强，没有能够及时拉开足够的距离。Do-17U基本上是新的飞机机头和Do-17M使用的引擎结合在一起的混合物。制造出来的15架飞机被第100轰炸大队用来专门执行探路者的任务，飞机上还另外安排了一名报务员。

电影公司的新闻影片将敦刻尔克撤退展示成一场胜利的同时，惊慌失措的、情绪低落的、极度疲惫的士兵们从小船上下来的情景也被拍摄在内，毫无疑问这是一支刚刚遭受了挫折的部队。只要给他们时间他们将恢复自信和士气，而且很快就会重整军备，但这并不是在撤退刚刚完成的这些日子里就能做到的。

"如果我们等待4个星期，那么一切都会

下图：德国军械师正在往一架亨克尔He-111H6上安装练习用的鱼雷。亨克尔提供了一种极为有效的鱼雷轰炸机，不过由于它的速度过慢，无法对保护良好的地面目标构成太大威胁。

上图：正在生产的亨克尔飞机。最前方的是一架亨克尔He-115水上飞机，照片后方的是几架He-111轰炸机。德国的生产效率非常低，这意味着损失的飞机无法很快得到补充。

变得太迟。"米尔希预言性地声明。

米尔希认识到英国陆军暂时的虚弱以及易受攻击的现状。他经过计算认为应该立即发动一场大胆的攻击，利用所有可以出动的伞兵部队占领并控制一些英国的机场作为桥头堡（例如曼斯顿和霍金奇）是可能获得成功的，这次行动由Ju-52提供补给，Ju-87"斯图卡"俯冲式轰炸机作为空中"炮火"支援。然而希特勒（或许有人说服他英国将寻求和平）更倾向于等待，他渴望巡游法国战场，精心筹备胜利庆典，而陆军则希望有时间让他们结束在法国的战事，然后再重新集结部队，发动新的攻势。

即使是德国空军自己在将注意力转向英国皇家空军时也显得有些拖沓。德国的空军部队在重新整合新近被释放的战俘时速度非常缓慢，而且许多空勤和地勤人员十分想念家乡。6月30日，戈林终于下达预备向英国进攻的命令。命令中宣布一场大规模进攻将从"鹰日"发起，并自信地认为英国皇家空军会在两三周内被彻底消灭，德军将掌握绝对制空权从而使德国军队可以发动任何攻击。这种夸耀也并非毫无根据，因为戈林手头有3个空军航空队（Luftflotten），它们分别部署在法国、比利时和挪威境内，掌握着1400架轰炸机、320架Bf-110远程战斗机、813架单引擎战斗机和其他常规侦察机及运输机。

　　虽然有数量如此惊人的空中部队，但是占领法国和延迟开始的不列颠战役之间的这段时间依然不足以使德国空军补充部队在波兰和法国战斗中的损失。这些损失包括德国空军30％的战斗机和40％的"斯图卡"俯冲式轰炸机。而且似乎糟糕的事情还不够多，英国比德国更为有效的工业制造能力在具备足够的喘息时间的情况下几乎完全补充了皇家空军的损失，同时英国武装部队也能够完成重组并为抗击德军的入侵做准备。德国则由于取得的胜利不断扩大而产生一种过分安逸的错觉，使部队逐渐变得懈怠。同时，德国部队内部的多数人认为获得胜利是理所当然的，即便是使用已经近乎消耗殆尽的部队。满足感和自大的情绪使德国的高级指挥官们得出结论，不需要完成装备的更新以及部队的重组就足以实施打击英国的任务，他们推测英国只剩下一半战斗力。德国人的自信心急剧膨胀，至少军队的高级指挥层是这样的。在前线，一线行动人员的态度则有所不同。虽然快速取得的、决定性的胜利鼓舞着他们，但许多武装部队的成员认为英国将是一个与此前遇到过的敌手相比更顽强的对手。多数德国战斗机飞行员在法国上空进行的激烈的空战期间已经同皇家空军有过交手（特别是在敦刻尔克上空），他们尊重自己

上图：德军士兵正在安葬一名皇家空军的飞行员。双方对待敌军阵亡的人员都很人道，以本方军人的标准安葬。平民则得不到这样的尊重。

下图：德军士兵正在安置一个识别标志。由于地面部队推进速度很快，因此德国空军能够及时了解陆军先头部队的位置对于防止误伤本方人员是非常重要的。

下图：容克Ju-52，它在第二次世界大战期间是一种非常重要的运输机，照片上的这架飞机在西班牙内战期间被作为轰炸机使用。

的这些对手，而且许多飞行员预测即将到来的不列颠战役将是他们迄今为止面对的最艰巨的挑战。

直到1940年7月2日，希特勒才刚刚下达更新战前制订的临时进攻计划的

下图：德国空军的飞行人员正在听取任务下达报告，在波兰和法国战役期间取得的胜利使他们意气风发，不过他们很快就发现在英格兰上空进行的战斗比他们料想的艰难得多。

命令。就在第二天皇家海军在奥兰摧毁了法国舰队，防止它们落入德军手中，而且这样做还能加强英国海军的海上优势。这次大胆的袭击行动是英国作出的一种对敌人带有羞辱性的提醒，让人们明白英国依然有制造麻烦的能力。为了阻止德国海军使用这些具有潜力的重要船只，行动必须实施，因为法国海军的多数作战单位已经转而为维希政府效命，他们承认贝当是领导人已经成为事实（他是法国在第一次世界大战时的民族英雄，爱国者）。丘吉尔随后就其印象对法国政府发出了警告："一个傀儡政府已经在维希建立，它在任何时候都有可能被迫成为我们的敌人。捷克人、波兰人、挪威人、荷兰人和比利时人依然在战斗，只有法国人自己屈服了，这并不是这个伟大的、高贵的民族的错误，而是那些被称为维希政府的人的问题。"虽然丘吉尔这番具有嘲讽意味的

话非常难听，但很准确。战争进行到这个阶段，戴高乐号召加入"自由法国"（后来被更多人称为"战斗法国"）的呼声经常得不到响应。许多法国人将维希政府视为合法的政府，伟大的贝当的存在使人们安心。奥兰事件使英法之间的关系大大倒退，而震怒的希特勒气愤地命令进攻的准备工作要加紧步伐，因为他已经失去了3艘潜在价值无可估量的战舰，而英国则可以庆祝自己获得了一场极其重要的胜利。

德国海军的指挥官充分意识到英国海军的力量，在挪威海域遭到打击后，他们担心在不具备基本的当地制空权的情况下，进攻无法发起。海军或许是德国武装部队中唯一没有受到影响的组成部分，在波兰、低地国家和法国取得的显而易见的容易、快速的胜利没有使他们低估英国进行防御的能力。雷德尔最初的红色计划勾画了一次在英国南部波特兰和怀特岛之间100千米的海岸上发起的袭击行动（只有7500人参与）。第一个由陆军制订出来的相应的计划（"西

下图：德国入侵英国的"海狮"行动的计划图。这项计划在1940年是否能够获得成功存在着争议。

"海狮"行动

北计划"）将攻击地点移到东部海岸，打算采用空降袭击的方式占领洛斯托夫特和大雅茅斯这两个港口，随后一个步兵师和一个旅将在港口登陆，而另一个步兵师则前往邓维齐和霍里斯利湾，并在那里登陆。第二和第三波攻击由10个装甲师和步兵师发动，而且在北部的亨伯尔河会发动佯攻。参加进攻的总兵力上升到10万人，但这远远超出了德国海军当时的运输能力，即便是短距离也做不到。

陆军的计划完全不可行，不仅仅因为在港口登陆并不比在开阔的海滩登陆容易，而且因为没有足够的资源来支持这项计划中的输送。同时，英国皇家海军快速介入的危险也相当令人担忧。随着法国的陷落，雷德尔非常忧虑，担心突然有人将进攻英国的担子交到他的身上。他决定事先告诉元首，怎样和为什么这样一次行动是不可能实行的，他通过拟订一个作战计划，清楚地展示出行动中会遇到的阻碍和困难。海军参谋部把他的"红色计划"修改成新的"英格兰计划"，制订出一项在狭窄的前沿地区（伊斯特本和多佛尔之间）由舰队参与的登陆计划（大约有16万人参与），行动中主要使用一条扫清水雷的狭窄水道，由U艇和雷场负责保护。德国海军更喜欢一种更有野心的执行方式，让25万人在比过去的计划中更宽的160千米的

下图：2架容克Ju-88A-4正在编队飞行。毫无疑问，它是德国在第二次世界大战时期最好的轰炸机，这个系列有超过10000架轰炸机和侦察机被生产出来。

上图：梅塞施密特Bf-110作为一种远程护航战斗机是失败的，皇家空军的战斗机指挥部使这种飞机损失惨重。在被作为夜间战斗机使用以后，这种飞机获得了成功。

战线上进行登陆，战线从怀特岛延伸到肯特郡的马尔盖特，进攻在鹿特丹和勒哈费尔之间的港口发起。随着在法国进行的战斗的结束，计划早就已经开始执行了，总参谋长哈德尔将军意识到，仅靠现有的可以使用的部队和德国已经占领的英吉利海峡的港口以及现有的计划都使进攻难以真正实施，因此他非常努力地工作，希望能够制订出一个明确、简单的方案。

根据哈德尔的计划，冯·龙德施泰特的A集团军将在肯特郡和苏塞克斯郡发起进攻，第16军（由布赫指挥）在右侧（雷姆斯盖特和邓杰内斯之间），第9军（由施特劳斯指挥）在西侧纵深处发起进攻。第16军向北前往伦敦，而第9军则朝阿尔德肖特推进。在西侧更远的地方B集团军将进行第二波登陆，第6军（由冯·莱赫诺指挥）从莱姆湾向北方的布里斯托尔推进，切断伦敦同西部的联系，目的是占领从普利茅斯到泰晤士河口的一条曲线状高地地带。这项计划需要建立多处桥头堡，然而具有讽刺意味的是计划中并没有包括波特兰到怀特岛之间的海岸线，这里曾被德国海军评估为最适合登陆的海滩。

B集团军作为单箭头突进，由3个师组成，而整个"海狮"行动的第一波进攻共有10个师参加，总人数为90100人，还有650辆坦克，另外竟然还有4443匹战马作为支援。第二波进攻部队由170300人组成，还包括34200辆汽车、57550匹战马和26000辆自行车。与此同时，德国空军宣布有25000人的空降部队可以使用，包括7000人的伞兵部队。而且空军已经开始在新近占领的国家搜集制作降落伞伞面的丝绸，以便生产更多的降落伞来创建更多的伞兵部队。参与进攻的部队人数给人印象深刻，战略计划看来也令人信服，但仅仅制订计划就用去了两周时间，当计划的草案出现在希特勒面前时已经是7月13日，比希特勒要求的时间晚了11天。而且计划中几乎没有考虑详细的物流方面的要求，也没有涉及如何使英国皇家海军失去战斗力，或至少阻止它干涉德军在英吉利海峡的行动。哈德尔也没有为海军的激烈反应做好准备，海军认为自己的资源只够支持相对比较狭窄的战线，在福克斯通和海滨岬之间，不包括哈德尔计划中的在雷姆斯盖特和布莱顿湾的登陆在内。哈德尔并没有要进行安抚的意思，他又开始制订佯装登陆的计划，实施地点在东英格兰，泰晤士河口，甚至是爱尔兰。就在这个时候，德国海军也正在制订他们自己的佯攻计划，地点选定在苏格兰。8月16日，希特勒介入此事，他取消了莱姆湾登陆计划，并将布莱顿湾作为一个可供选择的登陆地点，而且只进行一轮闪电登陆行动。

为了将这支庞大的部队送过英吉利海峡，德国聚集了一支规模巨大的登陆船队，这其中只有155艘运输船，船队规模如此之大是因为使用了超过3000艘改装过的驳船和其他各式各样的小船。荷兰和比利时的驳船无法使用，它们要么是被带过了英吉利海峡，要么就是在战斗中被摧毁了，而法国的内陆船队则被堵在错综复杂的运河网络中，这是因为许多桥梁和闸门已经被摧毁。不过德国自己也依靠莱茵河运输原材料和食物，于是将自己的驳船急匆匆地征调过来。这些驳船迅速地接受改装，船舷变得倾

下图：一架Ju-88的座舱。德国轰炸机的机组人员集中在一个相对狭小的空间内，使座舱区域成为敌人容易攻击的目标。敌方战斗机的迎面攻击将造成灾难性的后果。

斜，使它们可以直接驶上海滩，而有些驳船则进行加固工作，使它们能够运送大重量的装甲车辆。有些船只甚至安装上辅助动力装置，在它们后甲板的支架上安装了空军剩余的航空引擎。

一次大规模进攻变得似乎即将到来。7月16日，希特勒下达第16号元首令，其中包括一些带有征兆的词句"尽管英国的武装部队的处境已经毫无希望，但依然没有表现出任何期望达成协议的迹象，我已经决定进行一次登陆行动"。同一道命令中还强调"英国的空军部队必须同样在精神上被打垮"以便使他们无法破坏渡海行动，戈林也向他

的元首保证这点能够做到。英吉利海峡以及低地国家的港口开始被这些低级别的船队塞满，英国皇家空军的侦察机定期送回这种集结的高质量照片，"海狮"行动看起来正在逼近。

"海狮"行动——事实还是幻想？

有文献证据表明临时的进攻计划已经制订完成，而且为这次计划做准备的

下图：皇家空军的侦察机拍摄的照片。这是一座掌握在德军手中的法国机场。位于右侧中央部位的两架飞机是亨克尔He-111，右侧顶部是一架容克Ju-52/3M运输机。

容克Ju-87

容克的Ju-87是一种飞行时令人感到愉快的机型，将较轻的飞机重量、良好的协调控制能力与全方位视角和优秀的操控性结合在一起。虽然它的外形看起来有些难看，而且显得笨重，但它的能力确实相当出众。这种飞机在西班牙和波兰创造了令人羡慕的战斗记录，行动时被称为"飞行的火炮"。不过即使在波兰，Ju-87的瑕疵也是显而易见的。因为当Ju-87以超乎寻常的精确度向目标投弹时（即使是最强劲的对手，精确度也只有它的一半），它也同样成为任何敌方防空武器攻击的目标，特别是敌方的战斗机。

Ju-87在西班牙作战期间获得了成功，可是当第二次世界大战爆发的时候，它几乎已经成为一种过时的机型。即使有Ju-87B装备部队，对于这种机型的退役也不能延迟多少时间。Ju-87B采用1200马力的久茂211DA引擎，并在空气动力学方面做了些许改进。

由于在波兰和低地国家几乎没有遇到任何抵抗（也是"斯图卡"获得的成功）导致一些人决定再次评估它的能力。一些高级军官开始认为或许它还是一种可以继续使用的武器。合适的行动分析应该会发现，当这种飞机遇到敌人的空中抵抗时通常表现得非常糟糕。在敦刻尔克上空的行动原本应该将这点变得更加确定——如果人们没有将全部

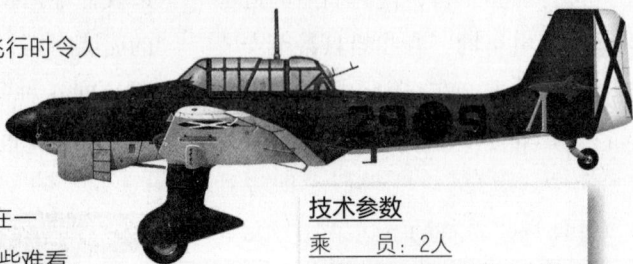

技术参数

乘　　员	2人
最高时速	383千米／小时
最大航程	790千米
武器	3挺7.92毫米口径机枪
产地	德国

精力都放在庆祝在法国取得的具有历史意义的胜利上的话，人们很容易只注意到Ju-87的优点——它在敌军和难民中传播恐慌的能力，它精确的轰炸能力和对于近距离空中支援作出的快速反应。但是敦刻尔克的战斗显示出：即使有强大的护航部队，Ju-87依然毫无疑问的是容易攻击的目标——它的飞行速度太慢、过于笨拙，而且装甲强度和防御武器的火力都不够。飞机在航程上的缺陷已经被意识到，在为了不列颠战役而集结起来的316架飞机中，相对占多数的是经过改进的Ju-87B-2和航程更远的Ju-87R。

"斯图卡"在英吉利海峡战役期间也参与了行动，袭击海峡上的护航船队和一些沿岸目标。"斯图卡"在7月初执行的绝大多数空袭任务都采用"快速出击，快速撤离"的方式，而且经常带着强大的护航部队。一旦Ju-87将它们的注意力转向战斗机指挥部所属的机场后，皇家空军就能够获得更多的时间做出反应，"斯图卡"的损失数量也随

即逐步增加。经常会出现Ju-87编队损失一半飞机或者在还没有投弹之前就被迫返航的情况。8月18日，德国空军损失11架"斯图卡"，8月30日，在执行了最后一次俯冲轰炸任务后，这种型号的飞机退出了活跃的行动。剩下来的还保留着这种飞机的作战单位只有II/StG 1、II/StG 2和IV（ST）/LG 1用来执行夜间行动，而I/StG 3用来执行反舰任务。大体来说"斯图卡"在不列颠战役的行动已经结束了，除了11月初零星的执行打击护航船队的任务。

命令也已经下达。可是，关于是否会真的发起"海狮"行动而不是一场骗局依然存在巨大的争议——这只是一次大规模的欺骗性行动。毕竟，一条成功的诡计也需要付出巨大努力，以使它看起来像是一件真实的事，而且需要有正在进行全面准备的迹象作为伪装。如果有一个敌人被欺骗，那么许多"参与者"也同样会被欺骗，在这次事件中就包括很多法国陆军和海军的高级军官。要做到这点倒并没有像它听起来的那么困难。

除了少数最高级别的人，由于计划的机密性，即便是那些高级军官也只是知道行动中自己要直接参与的那个方面的内容，这就可以解释为什么许多将领没有能够看透这条哑谜，或是没有能够意识到这是一项不可能成功的进攻计划。多

下图：计划中的德国对英国的入侵其侧翼由德国的"S"型艇保护（英国错误地将其称为"E"型艇），照片上的"S"型艇正在高速航行。

上图：孩子们无法在海滩上玩耍，防止入侵的防御设施围绕着南部海岸的多数地区竖立起来。

数人单纯地认为，行动的其他部分将解决他们在参与行动时遇到的任何困难。

"海狮"行动的准备工作无疑是广泛而细致的。至少有250辆装甲车被改装成两栖攻击车辆，使它们具备防水性能，并安装了加长的水下通气管，同时马匹的数量有所下降，因为希特勒决定，他的骑兵部队将使用自行车来取代马匹。此外，甚至连新闻摄影机都已经为登陆实施后的拍摄做好了准备工作（在预演时拍摄，然后利用在法国战场拍摄的内容剪接出令人信服的画面），当然各种部队所需的食品、马匹和狗的饲料也集中好了。不过到最后，和这项计划本身一样，许多想法仅仅是一厢情愿而已，如将英国所有年龄在17～45岁之间的男性全部迁往新的德意志帝国，或者在登陆成功后由纳粹来委任管理不

列颠的班子。计划中将纳尔逊纪念碑移走（在柏林重新竖起以作为胜利的象征）也不可能成真。

有数量众多的证据来支持认为希特勒从来也没有打算入侵英国的设想。有些人提出：被认为是集结起来准备渡海的驳船船队其实是为两个目的服务的，它们主要是为了制造假象，但是一旦局势使希特勒认为（一个超级的机会主义者）进攻能够取得成功，这支船队也可以真的派上用场。有趣的是，从9月中旬开始，在英吉利海峡的港口集结的驳船数量开始逐渐减少，从9月18日的1004艘下降到月底时的691艘。与之相类似的是最先2个为"海狮"行动而集结待命的作战师在9月10日悄悄地向东移动。接下来，还有更多类似的变动出现。这种变化，与之前为进攻而进行的集结很难相符，并最终证明到了9月中旬，无论"海狮"行动是否曾经真正存在，至少它已经被暂停。

"S日"的最终安排是9月21日，并终于从9月11日开始继续实施原先的计划。官方的行动命令正式发布，不过日期被推迟到9月17日。从官方来说，这只是延期而不是取消，而且准备工作和预演继续进行到10月。然而，就在10月12日，魏尔海姆·凯特尔——国防军最高统帅部（OKW——希特勒以此来取代陆军部）参谋长，承认现在继续这项计划

"只是在政治和军事两方面对英国施加压力的一种方式"，它的执行时间"可能"是在接下来的一年中。但是同时这条"诡计"的代价已经变得非常高昂，它不仅严重减缓了工业生产，导致国内食物短缺，而且还威胁到1941年的农作物收成。在波罗的海的港口聚集的铁矿石和煤没有足够的船只运送到鲁尔，即便是具有优先权的生产项目（例如U

下图：在敦刻尔克港，大量供入侵用的驳船正在集结。皇家空军和海军航空兵一直在攻击英吉利海峡的港口，摧毁了数百艘经过改装的莱茵河驳船。

艇）的产量也开始出现滑坡。驳船确实接受了改造，船员也为他们的新任务做准备，这个项目需要消耗75000立方米水泥、30000吨钢材和40000立方米木料，再加上4000吨绳索，大量帆布、链条和装甲板。为数众多的过去当过海员的官兵从陆军和空军转调到这里，而海军也动员了它的预备役部队。

希特勒本人从来都没有对"海狮"计划表现出太大兴趣，这与制订征服奥地利、捷克斯洛伐克、波兰、丹麦、挪威、荷兰和法国的作战计划时形成鲜明对比。当海军和陆军最初为进攻英国制

下图：战争为英国的漫画家提供了无尽的空间来展示他们的才华，而且对于1940年夏季士气低落的英国人来说也是一种鼓舞士气的必要措施。

上图：德国的工作人员正在将用于入侵的物资搬到驳船上。为了执行这次冒险的计划，德国的入侵船队从总体上来说数量不足，而且一旦它们出发将极易遭受攻击。

"HAVE I COMMAND OF DER SEA?"
"NEIN, MEIN FÜHRER."

"HAVE I COMMAND OF DER AIR?"
"NEIN, MEIN FÜHRER."

"THEN LET DER INVASION BEGIN!"

Göring Raeder Hitler
PREPARATIONS FOR CONQUEST

FLAT BOTTOM FLOOGIE-FLEET

订出各种计划时，希特勒明确指示禁止实施任何真正的准备工作，而要求军队将精力集中于在法国境内的推进上，占领巴黎并庆祝胜利。在后来制订"海狮"计划的过程中，希特勒的这种不过多参与的态度原本不会产生什么重大影响，因为希特勒是一个以地面部队为基础的军事策划者，不能理解空中和海上力量的问题。但恰恰是这种模棱两可的态度在德军高层内部造成了混乱：那些相信"海狮"计划将切实实施的人把希特勒的这种态度视为他会将计划的详细制订工作交给下属们来完成的一种表示，而其他人则将这种不介入的行为当作一种肯定，认为"海狮"只不过是一项"供选择的计划"。毕竟从心理学方面来看，希特勒应该会不自觉地介入所有他将取得伟大胜利的计划制订工作。

虽然希特勒经常依靠运气、大胆和惊人之举来"打发日子"，而且对于应付经过良好组织的反对意见往往显得准备不足，但是陆军对于进攻英国的计划缺乏准备完全是另一种情况。盟军的"D日"登陆进行了为期两年的准备，

下图：德军士兵正在练习卸载一辆装备了防空火炮的半履带装甲车，与四年后盟军在诺曼底的登陆相比，要逊色得多。

克服了无数物流方面的难题。现在有一些人会问为什么？如果希特勒曾经打算发动一场真正的进攻，怎么可能指望依靠这样的计划和几乎不进行任何准备工作就获得胜利？令人难以置信。就和现在分析的一样，"海狮"计划完全缺乏细节，物流问题、英军的抵抗和其他相关因素都欠缺考虑。显而易见，对行动执行完全缺乏理解，计划甚至都没有将英吉利海峡的自然条件考虑在内。似乎是为了确认这些，最高统帅部在备忘录中将这次行动比喻为"一次在开阔的战线上进行的渡河行动"。

缺乏准备工作还不是让进攻无法实施的主要因素。在一次进攻计划的讨论会后，哈德尔将军在他的日记中写道，

英国人害怕入侵

几乎没有什么人真正知道预料中的"海狮"行动什么时候会付诸实施，但英国人对于入侵的恐惧却是非常真实的。希特勒取得的令人感到震惊的一系列军事上的成功使一些人开始猜测他就是一个能够在军事上创造奇迹的人，认为对希特勒来说常规的手段是不会奏效的，而且他的行动根本就是无法进行预测的。英国皇家海军的总参谋长这样写道："我们无法预计过去已经得到实际行动验证的军事准则能否适用于他还未开始实施的军事行动。"与此同时，对于入侵的恐惧已经在英国公众之中增长，许多惊慌的措施开始实施，例如去除路标和车站的名字或将它们重新油漆。一项发展计划迅速被执行，将英国变成一座"岛屿要塞"。专栏作家的烘托使入侵的威胁造成的歇斯底里的情绪失去了控制，同时还伴随着德国方面聪明地放出的假情报以及英国采取的缓慢的反应措施才导致像德国伞兵扮成修女的这样的谣言出现。也正是因为这个谣言才发生了一些好事者借助"防止伞降袭击"这个理由对一些上了年纪的修女实施搜查的事件。由于害怕入侵，而动用大量资源专门用于应对"海狮"计划是否有必要无法评价。

希特勒"……认为，英国一定会被迫接受和平。理由是：如果我们从军事上摧毁英国，那么不列颠帝国将就此陨落。德国从中什么也得不到。德国人的血统将被日本、美国和其他国家分裂"。毫无疑问，希特勒很难面对将英国人（与对待他们的领导人相反）作为敌人这一事实，因此，对于一场针对英国人的战争（或是一次入侵）他没有什么兴趣，特别是共产主义的苏联依然在他的家门口存在时。当纳粹的"和平"建议被丘吉尔的政府断然拒绝后，希特勒依然反对任何形式的针对另一个雅利安国家的入侵。他从来都没有非常确信过一次怎样的入侵英国的行动会取得成功，而当他询问有关入侵计划的情况时，总是这么说："让我们凭借一切手段征服英国。可是然后怎样？为了什么？"希特勒知道即便入侵获得成功，占领这个岛国付出的努力也将使他无法发动对苏联的进攻。

如果接受希特勒自己曾严肃地考虑过进攻英国的计划的观点，那么有一大堆证据表明任何这样的计划在不列颠战役进行到最高潮时就已经被无限期搁置了。缺少运输舰，为了实施这次行动而征募来的莱茵河上的驳船无法适应行动，而德国空军又无法为海军提供海上的控制权，这使得任何登陆行动的安全性都打上了问号。任何一支攻击船队在穿越英吉利海峡的过程中，想要在英国皇家海军的打击下幸存下来根本就是希望渺茫。即使拥有制空权，按照德国空军1940年的装备也无法逃脱这样的打击。

不论希特勒的动机是什么，也不管他对于"海狮"行动的前景是如何考虑的，有一点是没有争议的，那就是很多德国的高级指挥官从来也没有严肃地对待过这项计划。即使在第16号元首令下达后，约尔德和约索尼克将军依然相信不会发动任何进攻，而且他们对于德国是否有能力发动这样的进攻深表怀疑。即便是戈林——一位狂热地忠于希特勒的元帅，也对计划中的进攻缺乏信心。

他可能会很高兴有机会展示他的空军，却总是担心计划中的进攻不会也不能奏效，他对于他的空军在进攻中被作为根据陆军和海军的需要而行动的辅助部队来使用更是感到震惊和恼火。

戈林渴望获得荣耀，而且喜欢出风头，他希望自己的空军能够仅仅依靠轰炸就迫使英国投降或寻求和平，从而使"海狮"行动没有实施的必要。他对于一场独立的空中战役的构想还是非常清晰的，首先探明英国的防御，随后在地面和空中摧毁英国皇家空军，接下来摧毁英国的飞机制造工业，攻击港口和船只以切断至关重要的海上运输。戈林觉

上图：在敦刻尔克撤退后，英国工厂的生产如火如荼，以补充在撤退时损失的武器。当时坦克的供应特别短缺。

上图：地图展示出后来制订出来的入侵英国的计划，包括部队集结的地区。两翼都设置了大面积雷区以防止皇家海军打击德军的攻击部队。

得通过这次战役就可以使英国臣服。戈林的这种完全信赖空袭的有效性的观念在现在看来似乎是不现实的，但对于任何在20世纪20年代接受过空中力量学说熏陶的人来说，这种仅仅依靠轰炸就可以赢得一场战争的信念无论如何没有什么不正常之处，这几乎就是当时最正统的观念。如果当初德国空军能够为了一次真正的战略轰炸战役而进行适当的装备，那么戈林对部队这么高的期望可能真的不会落空。可是在1940年，德国空军只是一支战术空中部队，完全根据陆军支援的需要而建设，对于一次独立的战略行动来说，空军的装备不足，准备也不充分。

德国的情报

德国对于英国的政治局势、政府的受欢迎程度以及政治目的的认知，即使在战前就很离谱，而那个时候对英国社会和政治的观察还是相当容易的。埃尔哈特·米尔希和恩斯特·乌德特能够以个人名义访问英国皇家空军重要的基地和飞机制造厂，米尔希还从伦敦的一个图书经销商那里订购了一本极其有用而且非常详尽地介绍关于英国工业能力的书，而且他使用的是自己的真实姓名，并使用印着德国航空部字样的信纸书写的订单。不管支票上是否写上了真实的部门的名字，但这本书的费用竟然是由德国空军情报部支付的！尽管如此，战前关于军事方面的情报还是很少的。

希特勒的第三帝国有两个重要的情报组织：由神秘的卡纳里斯上将领导的武装部队的阿勃韦尔（军事情报署）和由希姆莱领导的SD（帝国安全局）。且不提他们之间不正常的竞争关系和完全缺乏合作的状态，这两个机构的利益和职责也有重复的区域，这导致许多重复

的努力。没有一个机构在搜集军事目标的情报方面组织完善——希姆莱的SD只是用来搜寻内部的反对者以及发动政治战，而阿勃韦尔又给予了卡纳里斯这样的人太大的自由空间。有些人至今依然怀疑卡纳里斯曾经为盟军工作，但只要仔细分析就可以发现这种推测并没有什么依据（虽然最终他因为参与刺杀希特勒的行动而被处决）。他是一位旧派军官，第一次世界大战时期U艇的指挥官和一位爱国者，然而他却非常厌恶纳粹主义，包括它的中产阶级的领导人。1940年，卡纳里斯或许并没有为德国的失败做过什么，但他确实有自己的计划。这对于不列颠战役究竟有什么影响永远都不会有人知道。

战争爆发后，德国接连派出很多不合格的间谍，他们的境遇令人感到遗憾，这些间谍利用U艇、船只或降落伞登陆。可笑的是这些训练不完善、准备不充分的不幸的人很快就不可避免地都暴露了身份，有时候是因为他们浓重的德国口音，有些时候是因为他们完全不熟悉英国的传统或现状。多

左图：德国的工作人员正在为一个更加危险的目的而改装莱茵河上的驳船——运送坦克和重型车辆穿越英吉利海峡。

数人在登陆后的几个小时内就被逮捕，那些不愿意转而成为双重间谍的人都被送上了绞架。最大的问题是战前德国在英国境内没有建立谍报网络、设置安全的房屋和类似的条件，因此新近到达的人不得不独立开展工作。德国作家埃格伯特·凯塞尔写道："可以略带自信地说没有一名德国间谍能隐藏身份潜伏下来。"

由于重要的情报机构效率低下，德国空军慢慢地建立了自己的情报部门。最终它被定名为情报五处，由职位较低的约瑟夫·施密特少将负责。约瑟夫是一位能力和想象力都有限的中层指挥官。

可是情报五处的效率更是低得惊人，从德国航空的分支机构（如负责伦敦的沃尼格尔将军）收到的报告几乎没有被利用，尽管事实上它们的利用价值并不大。这个部门也没有利用情报三处提供的电台监听，或者是由表面上为民航制定路线的亨克尔He-111提供的照片，这些飞机从施塔肯基地出发执行这类任务。他们或许可以收集到更具有价值的原始数据，可是他们从来都没有明确的任务，行动往往是随意的，缺乏明确的导向性。

下图：这是一个系列的宣传招贴中的两张，它们的主体完全一样。英国当局对于间谍非常敏感，事实上，德国情报机构在英国的情报网的不称职程度令人感到可笑。

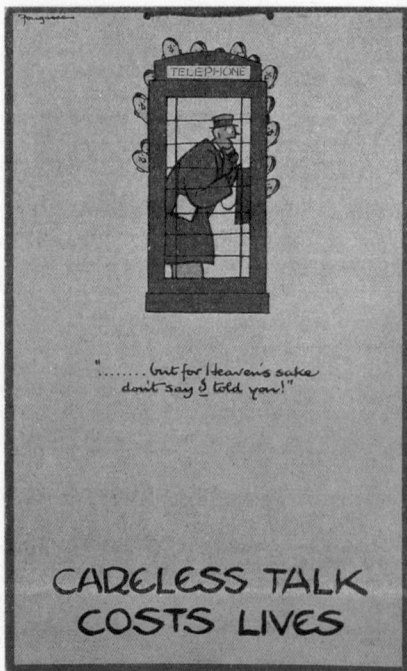

"........ but for Heaven's sake don't say I told you!"

CARELESS TALK COSTS LIVES

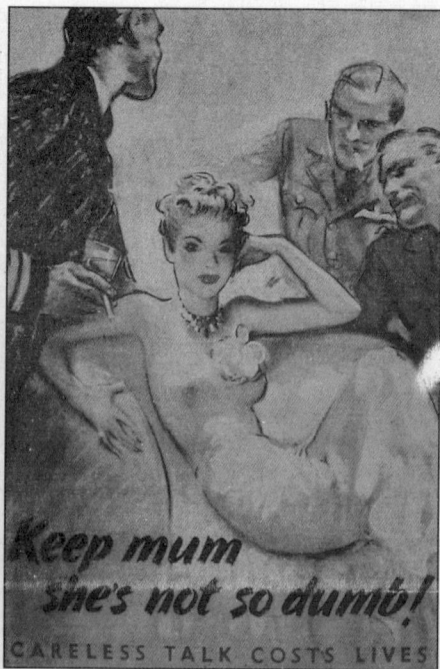

Keep mum she's not so dumb!

CARELESS TALK COSTS LIVES

从上述所有渠道提供的情报中，施密特筛选掉他认为错误的，将或大或小的信息拼接在一起编写报告。英国的雷达系统完全没有引起他的注意，而英国皇家空军其他几乎每个方面的能力都被低估了。每一位英国皇家空军的基地指挥官都曾经是前线飞行员，如今他们依然必须利用停放在自己的基地中的飞机进行飞行练习，而德国空军根据情报得出的结论是英国的基地由一群年迈的人负责，他们现在根本就不飞了。这对于德国空军来说远不是什么值得指责的事，因为许多高级指挥官甚至没有取得飞行员的资格，而且很多也只是在第一次世界大战时执行过飞行任务。作战指挥部基地的指挥官中很少还具有第一次世界大战时的战斗经验，因此毫无疑问当施密特听说基斯·帕克——第11飞行大队的指挥官（AOC）亲自驾驶"飓风"式战斗机飞越敦刻尔克上空以及至少一位基地指挥官（维克多·比米什）在空战中击落德军飞机时会感到震惊。

施密特低估了战斗机指挥部下属部队的实力（1939年他估计英国战斗机指挥部拥有200架战斗机，而当时事实上拥有608架战斗机），而且他完全没有考虑英国制造新飞机以及维修并返还曾经受损的飞机的能力。施密特还低估了战斗机指挥部下属的飞行人员的素质以及他们对飞机相当有效的利用能力。"飓风"式战斗机被当作容易对付的目标，而且也只是勉强承认"被出色驾驶的'喷火'式战斗机"可能超越Bf-110——推论是通常Bf-110会取得胜利。施密特错误地理解作战指挥部的实质以及指挥部的运作方式，他猜想中队严格地与他们在和平时期的基地联系在一起，在很小的一个区域中通过电话和观察点受到严格控制。

令人感到奇怪的是，施密特过高地评估了英国的夜间防御能力，对双引擎"布伦海姆"夜间战斗机和探照灯的组合感到非常忧虑。这是英国的防空要素中施密特唯一给予相当重视的一个，而事实上，这套系统还不成熟，作用也相当有限（不可否认的是，他对于防空火炮"作战效果低下"的评估离实际情况并不远）。

关于目标的情报并没有好多少，尽管施密特正确地强调英国皇家海军的战舰、港口、船坞、库房、油库和分发设施等目标的重要性，但许多目标被错误地辨别，即使是英国皇家空军所属的许多机场的真正目的都没有被探明。在不列颠战役期间，很多努力被浪费在袭击训练中心和舰队航空兵基地如德特林；或者次要的机场上，如莱姆尼。造成这种局面的部分原因是差劲的照片识读能力。将"布伦海姆"夜间战斗机错误地辨认成轰炸机，而把"喷火"式战斗机

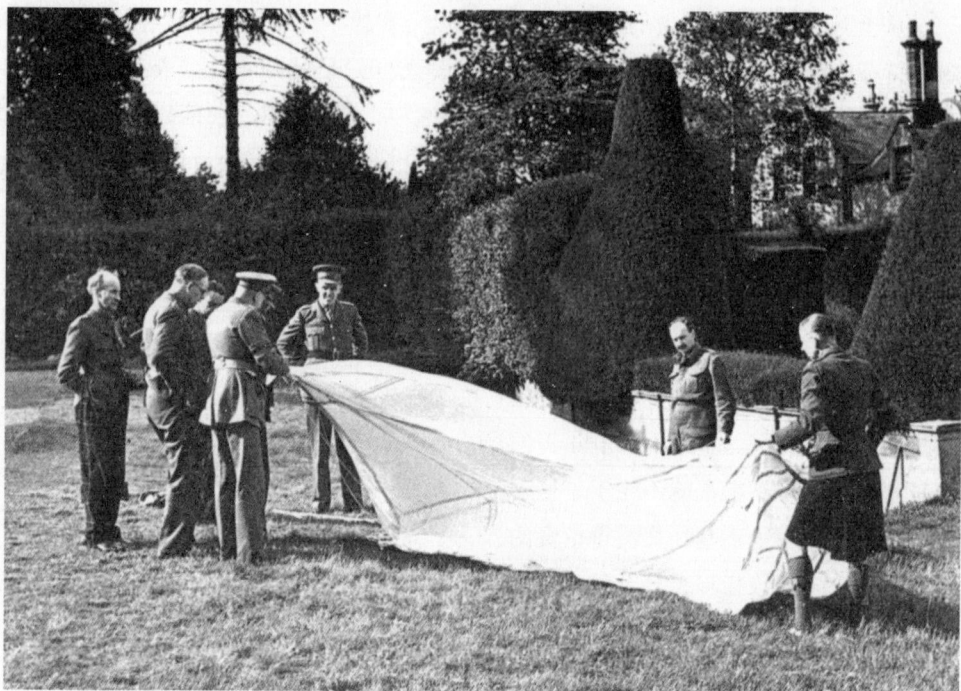

上图：英国的高级军官正在检查在苏格兰发现的一顶可疑的降落伞。间谍也会使用U型或S型潜艇从海上被送到英国。

的生产厂误认为一家属于制造商阿弗洛的轰炸机制造厂。

德国的情报获取能力在战争爆发后有所提高，但这种提高并没有使情报部门从战俘那里获得更多有用的情报，而且最重要的是情报部门没有注意到以雷达为基础的战斗机指挥系统的快速发展和部署。另一个重要的方面是，施密特最初的"蓝色计划"中的推断被采纳，因为支持其中得出的结论的证据似乎非常充分，但其中暗藏的问题被忽略了。这倒不是因为没有许多新的证据。在整个1940年7月，绝大多数在英国上空执行任务的德国空军的侦察机都将精力集中在短时间的战术任务上（主要是跟踪护航船队），而且遭受了重大损失。

因此，当不列颠战役进行到高潮时，德国空军对自己的情报部门失去了信任。从根本上低估英国皇家空军的力量，加上过分夸大地宣布击落皇家空军飞机的数量（在300%～500%之间），导致空军过早地认为英国皇家空军已经是强弩之末。随着皇家空军的"喷火"式和"飓风"式战斗机不断出现，日复一日，玩笑变成绝望。到了8月，德国空军的飞行员开始通过无线电对讲机引用一句可笑的话："他们又来了，皇家空军的最后50架战斗机！"但这种笑话随着Bf-109和它们的飞行员的损失数量不断增多而变得毫无幽默感，而且德国空军又无法弥补自己的损失。9月7日，奥斯特坎普抱怨道："我们不断地把它们打下来，但它们的数量从来也没有减少过。"

英国皇家空军对于情报给予了高度重视，事实证明他们可以获得重要的情报。在皇家空军内部，施密特的军衔相当于空军准将，而一张由情报官员组成的向下延伸到基地和中队的情报网很快就建立了起来。到战争爆发的时候，皇家空军已经搜集了大量的、准确的、完整的情报，对于德国空军在战役中的攻击次序了如指掌（到"鹰日"攻击发动时，德国空军的每个大队和中队都得到清楚的辨别），他们还很好地利用战俘，建立了一套完备的审讯和汇报系统。皇家空军对于德国空军力量的估计是准确的（误差在5%的范围内，皇家空军估计德国空军有4500架飞机，而正确的数字是4295架）。虽然也意识到自己的飞行员会多报战果，不过能够估算出正确的数字。这意味着皇家空军对于德国方面的损失掌握得相当准确（与自己在媒体上公布的数字不同）。当然，皇家空军也有自己的问题。一位劳斯莱斯

的技术代表在纳斯拉夫得到了一台梅塞施密特Bf-110的DB-601飞机引擎，但是在返回的途中竟然丢失了；Bf-109的说明书被"借到"，并拍摄了照片，然而这份文件在归档时也发生了错误，最终失去了它的有效性！作战指挥部的AOC直到战役结束后（1940年10月16日）才得到德国的英尼格玛解码机，然而这种疏忽并不是至关重要的。

"鹰"的集结

到1940年7月，德国空军已经积累起丰富的作战经验，而且将他们在西班牙战场上与共和国部队交战时学会的战术和技术加以完善并进一步发展。虽然损失不小

右图：内战期间穿着西班牙"兀鹰"军团制服的德国飞行员，这是许多为弗兰克将军作战的"志愿者"中的一员。

（这些损失并没有完全得到补充），但是米尔希早期将精力集中在训练上的做法已经开始展现出好的效果。德国空军根本不缺少飞行人员，差不多100家飞行学校每年输出10000～15000名飞行员。炸弹和油料的短缺问题在攻占波兰后得到了解决，而且在法国的战役并没有消耗太多储备，尽管备用的飞机数量较少。随着"闪击战"的成功，没有人预想到会有严重的消耗。新的飞机（如Ju-88）以及现有机型的新改进型（如Do-17Z和Bf-109E）正在取代或已经取代了德国空军在战争开始时使用的机型。虽然有许多人已经意识到英国皇家空军将是一个难对付的敌人，可是德国空军自己觉得已经为进攻不列颠做好了准备，并自信地认为自己将取得胜利。因此，德国空军的作战人员情绪高昂。

不过在这种景象的背后，德国空军并不是像许多人所认为的那样，是一台战无不胜的机器。空军的指挥存在问题，戈林依然全权控制着空军，他的下属之间存在着不正常的仇视和争论。能力极为出众的埃尔哈特·米尔希已经被削权，影响力也减弱不少，他被任命为德国空军的将军巡查员（保留国务秘书的职位），但实际上已经被孤立而且没有实权。凯塞林的参谋长职务也被人取代，最初是施通普夫，1939年2月由汉斯·约索尼克继任。约索尼克是第一次世界大战期间被戈林授予王牌飞行员头衔的人员之一，他骨子里也是一位战术行家，和米尔希一样是一位努力工作的技

下图：尽管看起来是在德国空军服役，He-100（或He-112U）在不将其改装成一种战斗机的决定作出后，变成了为德国的宣传目的而服务的一种工具。

上图：生产线上的梅塞施密特Bf-109战斗机。在战争初期，德国的飞机制造厂的生产几乎不会受到盟军轰炸机的干扰。

术过硬的军官，然而这两个人命中注定无法好好相处，而且经验还比较缺乏的约索尼克被证明无法避免地卷入了戈林的一些不合格的计划中，包括那次失败的、打算在敦刻尔克的海滩上就消灭英国远征军的行动。

沿着指挥链向下探询，可以发现情况并没有什么好转。飞行和支援人员间严格区分，不像皇家空军的系统那么有效和具有弹性，而且还导致不必要的竞争与嫉妒。在皇家空军，机场的指挥官是高级飞行员，他们依然在飞行，常常执行任务以确保不断更新技术，而高级行政官员、副官和战斗机指挥官也是从各个级别的年长的飞行员中挑选出来

的。因此，他们都很了解飞行员的需要，能够为"他们的男孩儿们"努力工作。相反在德国空军内部，一位机场指挥官就是一位专门的行政官员，从来也没有坐进过战斗机的驾驶舱，他们只能是通过另一套指挥系统向他们所在的飞行部队的指挥官报告。

当然德国空军也有许多能力非常出众而且战斗经验丰富的地域领导人和中队指挥官，但经验的深度不够，因为德国空军里能够执行5年以上飞行任务的飞行员数量很少。空军中有非常多的优秀飞行员，他们的战斗技能很出色，但是具备足够的指挥经验的飞行员数量却很少，即使是有效地带领一个中队。正是由于这种情况导致很多飞行大队的指挥官是第一次世界大战时期的飞行员，事实上他们年纪太大而且已经无法在1940年继续飞行。一旦战斗中出现指挥官的损失将极难得到弥补。相反许多皇家空军的中队指挥官已经连续飞行了10年，其中有8年是作为前线战斗机飞行员，而有些人的作战经验甚至更加丰富。德国空军与皇家空军无法相比的一点是皇家空军中的许多航空团的指挥官以及准将从20世纪20年代中期到20年代后期甚至是30年代初一直在执行飞行任务，当他们开始做管理工作时，依然相对年轻而且灵活。

尽管德国空军在对付之前的对手时

上图：一架德国轰炸机的座舱。飞行员在操控飞机的同时，副驾驶要留意任何敌军战斗机。尽管如此小心，德国轰炸机在不列颠战役期间的损失依然相当高。

展现出技术上的优势，但那些都是规模较小的空军部队，而且装备比较陈旧，而它自己装备的飞机也已经不再处于技术的最前沿，在与皇家空军交战后，这些飞机开始显现出不足之处。特别是德国空军的轰炸机，速度慢（虽然Do-17和Ju-88都可以通过急剧的俯冲快速逃逸）、火力不足而且装甲的防护能力不够强。要是皇家空军的战斗机装配了合适的武器——使用20毫米航炮而不是当时使用的效果不佳的机枪（它们的口径和步枪一样），德国的轰炸机会被成群地击落。在被"喷火"式战斗机控制的空域，Ju-87更加容易遭到攻击，双引擎

的Bf-110重型战斗机（被寄予厚望）也遇到类似的情况——与先进的单引擎战斗机的抗衡中落了下风。

即使是相当自负的Bf-109也很难与"喷火"式和"飓风"式战斗机匹敌，在不列颠战役期间，Bf-109的飞行员得到的指导是不要试图在飞机的转向性能方面同皇家空军的战斗机对抗，而是应该利用自己在速度方面的优势做高速斜线攻击。除了拙劣的转向性能之外，Bf-

109更严重的问题是它的耐久性和续航能力，这使它无法介入延长了的空战，而且也无法为友邻部队的轰炸机提供全程护航。

德国空军用来替换陈旧机型的飞机到达前线的速度十分缓慢。一些机型的不足之处并不总是很明显，只有在投入战斗时才会表现出来，而改进和生产的速度又很慢。此外，德国的飞机制造能力无法与已经复苏的英国飞机制造工业的能力相比，这不仅仅因为指导生产的工业构架所导致的效率上的差距。在法国的战争刚刚结束时，潜在的、无价的飞机制造能力曾被用来为莱茵地区的葡萄园制造铝制小棚，甚至是可折叠的梯子。在人员的大规模动员方面德国也无法与英国相比，英国每一个可以想到的行业都被动员起来为战争服务。一个很有力的证据是"蚊"式夜间战斗/轰炸机的制造，它使用了家具工业的技术和生产厂。

在将技术运用到现实中去的方面，德国也落到英国后面。比如，在雷达的发展方面，德国科学家制造出比英国正在使用的粗糙的设备更为复杂和更具有潜力的系统。然而更为先进的德国技术却可能制造麻烦而且不适合前线使用，此外整个项目始终都没有注入一种紧迫感，进展缓慢。他们最出色的雷达系统被用来进行海上侦察，德国推测英国沿海岸设置的一系列雷达站也是为这个目的服务的，对于频率不同这个问题，他们的理解是英国雷达使用的频率不是很合适。

不过从某些方面来看，在为了对英国展开进攻而进行的组织和准备工作方面，德国空军做得更好一些，"空中舰队"早已经建设完整，并随时能够利用新近占领的法国、比利时、荷兰和挪威的机场执行任务。过去的突击大队在1939年时就已经被5个"空中舰队"或航空队取代。这几个航空队是整合后拥

下图：这架Bf-109V-10就是恩斯特·乌德特在1937年7月的苏黎世国际飞行会议期间驾驶过的那架。在围绕阿尔卑斯山进行的飞行比赛中，这架飞机由于引擎故障而坠毁。

有它们自己的权力的自治型战术空中部队，与英国皇家空军按照功能来区分的指挥部不同。这两种不同的构建方式都各有自己的优势和劣势，非常明确的是航空队在波兰和法国取得了重大胜利。然而，德国的战斗机和轰炸机的战术和学说的发展速度变得缓慢，这也是由于没有一个中央机构来激励革新和前进。在不列颠战役中，由凯塞林指挥的第2航空队将指挥部设在布鲁塞尔，支援陆军B集团军，而由施佩勒指挥的第3航空队则将指挥部设在巴黎，支援陆军的A集团军和C集团军。第5航空队的基地设在挪威（它的许多作战单位已经调往驻扎在大陆上的航空队）。

在整个指挥体系较低的层面上，德国空军的构架鼓励使用大队作为标准的战术作战单位，而不是中队。在不列颠战役期间，这意味着英国的战斗机指挥部派出的部队常常在数量上处于劣势（因为战斗机指挥部在行动时往往以中队为单位，或者采用双中队的形式），然而这也同样意味着，德国空军的这种笨拙的部队使用方式使部队很容易被截断，而且这样一来他们很少能够通过同时攻击几个目标来压制英军的防御力量。除了这个弱点，德国空军在设备和基础方面的许多不足之处也会对不列颠战役的走向和结果产生戏剧性的影响。

2
1918—1940年的英国空军

第一次世界大战结束时，英国拥有世界上规模最庞大的空军，它由293532名官兵和2.2万架飞机组成，但是到了一年之后它就缩编成只有3.15万名官兵和371架飞机！当陆军和海军吸收飞机和飞行人员来重建它们自己的空中力量时，只有特伦查德爵士和他的军官们的决定才使空军免遭完全解散的命运。特伦查德很聪明地建立了一支由精英组成的小规模空军部队，而空军以后的发展将围绕这个核心展开。因此，空军在建设训练设施上花了大力气，包括设在克伦威尔的皇家空军学校，以便训练那些能够长期服役的军官，这些人将是未来的指挥力量；而设在霍尔顿的技术训练学校则训练新加入空军的人员；中央飞行学校训练飞行教官，并负责各项标准。皇家空军从一开始就有一套深思熟虑的训练一支骨干力量的方案，个人在相对较短的时间内接受较为宽松的训练，与任何其他空军部队给予个人的训练相比较，这套措施都是出色的。

上图：汉德利·佩济公司的笨拙的"海弗德"飞机。照片上的这架飞机正遭到"英克"的攻击，它是英国空军的最后一种双翼重型轰炸机，到第二次世界大战爆发时，已经被维克斯的"威灵顿"和其他机型代替。

特伦查德并没有只在中队中安排长期服役的职业飞行员，他大量招收那些被称为"短服役期"的军官，他们在皇家空军的正规军中服役的时间不会超过5年，随后他们还会接受预备役训练，以便当危机爆发时，经过简单快速的训练他们原有的知识和技术就能获得更新，并重新开始执行任务。特伦查德还强调创建一支辅助的空军部队，让这支部队的一线飞行中队使用最近刚从正规军退役的飞机。辅助部队会以一些全职的正规部队为核心，但是它的主体是那些富于热情的兼职人员，其中有一些曾经是"短服役期"人员。特伦查德预见到这些辅助部队在危机爆发时能够提供具有相当高的主观能动性的补充力量，在第二次世界大战最初的几年中，辅助部队以自己的记录证明了他们的忠诚。此外，特伦查德还力争建立大学飞行中队，组建招收由牛津、剑桥和伦敦各大学毕业生组成的飞行学校，目的是在将来可能成为公务人员或政府工作人员的毕业生中发展空中力量的支持者，并鼓励毕业生们将皇家空军当作一种职业。最初，辅助部队和大学中队被视为一种昂贵的、奢华的事物，直到20世纪30年代中期才建立起来。

皇家空军花了几年时间来明确自己的任务，它自己也随着需要面对的新的职责而不断发展，部队最初的职责主要是监督和执行欧洲大陆的停战和殖民地政策等，并且也是为完成这些职责而组建的。在最初的几年，国内的防御尤其被忽略，特别是在"为结束所有战争而进行的战争"后。第一次世界大战结束后，法国保留了大规模的轰炸机和战斗机（每种300架）部队，而皇家空军只有

大约40架飞机构筑成国内防御力量，它们被编成3个中队，相比之下皇家空军的力量实在有些单薄。

1922年，决定作出，将成立一支伦敦空军部队，它由14个轰炸机中队和9个战斗机中队组成（大约有266架飞机），轰炸机占有如此高的比例反映出特伦查德是正统的认为"进攻是最好的防御方式"的学说的信奉者。1923年，政府接受了"用于国内防御的空军"应该扩充到52个中队的建议，可是保守党首相几

下图：1938年，第43中队的霍克"狂风"I型双翼战斗机在皇家空军的米尔登霍尔萨福克基地集结，等待皇家检阅。"狂风"是"飓风"式战斗机最直接的祖先，最初"飓风"式战斗机也被称为"狂风"单翼飞机。

右图：超级航海公司的S-5是享有盛誉的施奈德奖的胜出者，也是"喷火"式战斗机的鼻祖。

乎立即委派埃里克·哥迪斯爵士负责削减国防开支的工作，受当时盛行的和平主义和裁军的浪潮影响，这是一项迎合公众口味的任务。政府提出一种"十年法则"，推测德国会严格遵守《凡尔赛和约》的条款，因此，至少十年之内不

下图：雷吉纳德·米歇尔是"喷火"式战斗机的设计师（中央位置），两侧是1927年为英国夺得施奈德奖的小组成员。超级航海S-5机翼上站着的飞行员是飞行编队指挥官S.N.韦伯斯特。

会有爆发战争的危险。

1928年在特伦查德能够开始重新实施他的扩建项目前，他还获得批准组建一支由394架轰炸机和204架战斗机组成的部队。尽管如此，这项计划却依然无法按照既定的时间表进行，要到1935年或1936年才可能实现，拉姆齐·麦克唐纳的第二次劳动力管理将计划延误（它为时间表添加了两年时间），随后，在1932年由于"国联"召开的裁军会议达成"停止军备扩充"的共识使这个计划被无限期推迟。

不过，与此同时，从1925年开始，现有的部队在大不列颠空军防御部队（ADGB）的构架下进行了认真的重组。在ADGB中，3个所谓的"轰炸区域"中又增加了一个"战斗区域"，后者控制所有战斗机和战斗机机场。由于将主要威胁依然预设为来自法国，因此特伦查德建立了一条由战斗机机场组成的防御带，它们从威尔特郡的戴维兹一

直延伸到剑桥，成曲线状围绕伦敦，而且基本上与海岸线平行。这条防御带有8个24.1千米宽的"分区"，每个分区部署一个战斗机中队，另外在伦敦的南部和东南部还有两个分区，每个分区部署两个战斗机中队。除了这些部署外，还有3个战斗机作战单位部署在沿海的机场，当敌机到达防御带之前以及撤离防御带时，这3个战斗机作战单位都会出击攻击敌人（与之相类似的是，轰炸机机场的设置也是为了应对英法之间发生战争的需要，将矛头指向法国，它们坐落在战斗机防御带后方的威尔特郡、汉普郡、波克郡和牛津郡）。战斗机除了使用持久的"分区机场"之外，还能够利用一些备用机场，这些紧急的着陆地点在被租借给农民前都已驱除障碍、压平并进行了适当的排水处理，在紧急时刻它们随时可以被皇家空军使用。

控制和报告系统的组建也被延误，这些系统最初依靠的是观察点、电话线路和声呐。除了引进雷达和无线电，使战斗机地带延伸，实力得到增强以外，这套系统与不列颠战役时的作战指挥部非常相似。在20世纪20年代以及30年代早期预测法国是主要威胁成为对英国来说极幸运的一个决定，因为德国空军正是从法国的机场发起不列颠战役的攻势的。

1934年，随着"国联"的裁军会议分裂，部队的扩建计划又重新启动。英国武装部队的第一阶段扩军在1934年7月获得批准，被称为"A计划"。事实上，这项扩军计划只是希望给德国方面施加压力，仅仅是一些表面上的改变，而且花费在装备改良方面的经费很少。尽管在当时，德国自己的空军部队依然保持秘密状态，但是早就有人怀疑德国

下图：埃尔哈特·米尔希将军早年负责希特勒的帝国空军的飞机发展事务，1937年访问英国期间，他正在考察汉德利·佩济公司的"海弗德"飞机。

左图：第60中队的一架维斯特兰德"麋鹿"轰炸机，正在轰炸印度西北部前线持有不同政见的部落。

军计划，目标是为皇家空军增加588架飞机和49个中队。这会使皇家空军的力量提升到共拥有122个中队（其中包括20个重型轰炸机中队、18个中型轰炸机中队、30个轻型轰炸机中队、35个战斗机中队和18个侦察机中队）和1512架飞机。菲利普爵士还开始敦促工业部门将和平时期的生产状态升级为战时生产状态。

训诫很少能够造成根本的改变，因此各种实际的措施也开始实施以确保工业生产能力能够满足扩军的需要。1936

正在为进行某种规模的战争而开足马力。

英国新任的航空部部长菲利普爵士刚获得贵族的封号，成为斯温顿的领主，很快他就开始推行一项更庞大的扩

格洛斯特"斗士"

皇家空军的最后一种双翼战斗机——格洛斯特的"斗士"与它的前辈们相比已经进行过许多改进，包括使用封闭式座舱、配备4挺机枪、降落时使用的副翼以及（后来）三叶螺旋桨推进装置。战斗机指挥部下属部队中的"斗士"战机到1940年全部被"飓风"式战斗机替换，但这种机型依然在北非使用。"斗士"还曾被派往挪威，因为它们能够在原始和恶劣的条件下在状态糟糕的跑道上起飞。然而，人们普遍认为"斗士"机型陈旧，无法匹敌单引擎、单翼、单人座战斗机。

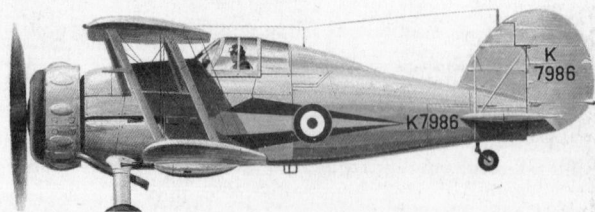

技术参数

乘　　员：	1人
最高时速：	407千米 / 小时
最大航程：	689千米
武　　器：	4挺7.7毫米口径机枪
产　　地：	英国

下图：排列在一起的霍克"飓风"式MK I型战斗机。注意巨大的、木质的、固定距螺桨推进器，它是早期型号的"飓风"式战斗机的特征。战争爆发后不久，三叶可变距螺旋桨推进器就开始安装到这种飞机上。

年，"影子工厂"计划开始启动，这项计划旨在建立一些国有工厂，这些工厂的设备和管理都是以非航空工业的需求来进行的。它们出产飞机或引擎制造商设计的产品，这些产品通常都是在别的地方进行最后的装配时需要使用的零件或半成品。第一批"影子工厂"由汽车制造商负责运营，为布里斯托尔航空引擎生产部件。纳菲尔德爵士的公司——沃尔斯利拒绝参与，除非它能够生产引擎整机，因此它没有被列入选择的范围内，不过后来这家公司获得授权控制捷豹生产厂，在维克斯超级航海公司的指导下生产"喷火"式战斗机的整机。最终，纳菲尔德的机构被证明无法有效地运营捷豹生产厂，只有在将公司的控制权转交到维克斯超级航海公司后——对于不列颠战役来说几乎已经太晚，才开

始艰难地大量生产出"喷火"式战斗机，如果维克斯公司从一开始就获得该公司的控制权，那么在不列颠战役期间就会有更多的中队装备"喷火"式战斗机。然而，纳菲尔德并不是唯一存在问题的公司。比如，由普乔伊公司生产的第一批"喷火"式战斗机的机翼就无法与超级航海公司制造的机身相匹配。

20世纪30年代早期制订的计划设计出了皇家空军的第一种战时的战斗机。这是根据对单翼飞机的需求而设计的，这种飞机具备承压表层和单体横造结构等优点，这些设计在施奈德奖评奖时超级航海公司的海上飞机的胜出已经得到了证明，但是许多年长的航空部的军官都认为封闭式座舱并不是一个好主意，而且还力争保住开放式座舱设计。弹道学专家证明在典型的交火中如果要在两

上图："喷火"式战斗机的样机K5054，拍摄于东利斯机场。这种飞机在1936年3月5日进行了首次试飞。

秒钟内击落一架轰炸机，至少需要8挺机枪，这导致在"飓风"式和"喷火"式战斗机上使用8挺7.7毫米柯尔特–勃朗宁机枪组的设计。研究者使用一架正在服役的轰炸机为目标，证明即使这样也可能不够，而且还希望证明两秒钟的射击时间对于一般可能遭遇的情况来说还是显得有些长。但没有进行必要的技术工作来证明，也没有一个人意识到实际上战斗机有配备数量更少但火力更强大的武器的需要（4门20毫米航炮也许是理想的选择）。然而，相对于20世纪30年代在英国皇家空军服役的大多数前线战斗机装备的2挺机枪相比，使用8挺步枪口径的机枪已经是一种巨大的提高。1934—1935年皇家空军制定出战斗机的详细

要求，需要配备光学瞄准器、飞行员使用的氧气设备、可收放的起落架等，其他性能还包括在4572米高度飞行时达到442.6千米的飞行时速，在7分半钟时间内爬升到6096米，升限达到10058米，着陆距离为229米等。

所有这些确保了扩军计划最终能

下图：到1940年6月，战斗机指挥部下属的所有"喷火"式和"飓风"式战斗机都安装了劳斯莱斯莫林III型引擎，并采用洛特尔三叶螺旋桨推进器。

够建立一支装备大量真正先进的飞机的空军部队（不像法国，在战争爆发时大批陈旧的飞机依然在服役）。当然，在1938年，皇家空军的战斗机部队依然在使用双翼飞机，它们根本无法追赶上德国部队新式的单翼轰炸机，不过到第二次世界大战爆发的时候，像"喷火"式和"飓风"式这样的战斗机已经在部队中牢牢地占据了主导地位。

扩军的"F计划"在1936年2月获得批准，它将进一步增强皇家空军的前线力量，而且对于战斗机的重视程度也有所加强。与此同时，新任的空军总参谋长爱德华·艾灵顿爵士也非常努力地确保他的部队是以质量而非单纯的数量为基础。与戈林完全不同（戈林根据与之亲近的程度来分派高层的职位），皇家空军在20世纪30年代后期的委任极其明智，其中包括在1936年任命休·道丁爵士成为新建立的战斗机指挥部的指挥官。战斗机指挥部建立之后，随着英国防空力量的发展，这个机构的重要性也在增加，尽管最高的优先权依然在轰炸机方面。新的战斗机指挥部管辖两个地方性的飞行大队，第11飞行大队在南方，第12飞行大队在北方。从1939年10月开始，还成立了气球指挥部，负责管理所有阻塞气球，而早些时候在1939年4月建立的防空指挥部则负责控制与协调探照灯和防空武器。

下图：在1937年进行的空中防御演习期间，位于法恩布鲁夫的皇家空军第22中队的格洛斯特"斗士"双翼战斗机。

防空指挥部

战斗机指挥部下属的作战飞机在行动时还有探照灯和防空炮火作为辅助，1939年4月，这两种资源联合并聚集在同一个防空指挥部内。防空指挥部事实上是陆军的一个分支机构，由一名陆军军官（爵士——弗雷德里克·派尔将军）负责，虽然他的指挥部设在战斗机指挥部位于本特利普莱奥利的总部内。到不列颠战役开始的时候，这个指挥部已经下辖7个师，配备1200门重型和587门轻型防空火炮，并拥有3932个探照灯。有大约300门重型防空炮采用的是水泥炮座，无法移动，剩下的防空炮从理论上来说都可以根据需要进行部署。防空炮一般以4门作为一个单位，与一个地方行动指挥室相连，它们的有效性相当有限。大多数防空炮用来保卫皇家海军的沿岸基地，因此会出现在罗赛斯造船厂（位于多数轰炸机航程以外）部署了96门防空炮，而战斗机指挥部的总部却只部署了4门的情况。防空指挥部当然也有自己的问题，不仅仅指它的行动人员经常在最简陋的条件下工作。防空炮的瞄准极度困难，即使是要打击在固定高度做直线飞行的目标也很难，而且还缺乏"加里森"警报器。与火炮配套的雷达系统更是极为短缺，多数防空炮只能依靠没什么用处的声呐来寻找攻击的目标等。指挥部下属的部队甚至都没有配备接近引信——因此对于预先设定的引信来说除非和目标在同一高度，否则火炮发射的炮弹会毫无作用。部队用于打击低空飞行目标的能够快速射击的博福斯式防空炮的数量也不够，虽然部队配备了效果惊人的PAC设备。

不可否认的是防空火炮是鼓舞士气的一种有效手段，特别是在德国空军开始实施夜间空袭后。一些战绩使防空炮火更加受到信任，但这些飞机是否真的是被防空炮火击落依然存在疑问，因为战斗机也声称将这些飞机击落。甚至有一些人相信防空炮火击落的本方飞机比击落的敌机数量更多，有一点能够确定的是防空火炮的炮弹杀死的英国平民数量要比被它们击落的德国空军人员数量多。即便是防空指挥部声称的击落敌机的数量能够获得承认，那也是大约每发射3万发炮弹才能够击落一架敌机。不过防空炮火在扰乱敌人轰炸机编队方面还是有不少成功的战例的，它削弱了敌方轰炸机的精确度，有的时候，防空炮火能够迫使轰炸机比它们自己设定的高度飞得更高。炮弹爆炸还能够显示出敌军飞机的位置。

阻塞气球并不是战斗机指挥部的组成部分，它隶属于皇家空军自己的气球指挥部。到1940年7月底，共有1466只气球在服役，这些气球对于低空飞行的飞机来说是一种巨大的威胁（特别是在夜晚），同时它们也是白天当德国空军的Bf-109实施扫荡时的有用的转移其注意力的目标。而且，一个气球的替换很容易而且成本又低，这种难对付的目标还会消耗Bf-109原本就极为有限的燃料，甚至可能导致飞行员径直冲向地面。

到慕尼黑危机爆发时，战斗机指挥部已经发展到前所未有的规模，只是在它拥有的19个可以执行任务的战斗机中队中只有3个装备了"飓风"式战斗机，而剩下的中队则使用各种已经服役了相当长时间的老式双翼飞机。有3个处于非行动状态的中队正在用"飓风"式战斗机替换原先服役的机型，而驻扎在达克斯福特的第19中队才刚接收到第一架"喷火"式战斗机。由于机枪舱没有

下图：正在生产线上的"飓风"式战斗机。"飓风"式战斗机结构结实、重量轻，而且制造和维修都很方便，能够承受交战过程中的大量打击。

供暖设备，因此"飓风"式战斗机的用途要比它们表现出来的小，为了防止武器冻结，它们的升限只有4572米。《慕尼黑协定》为皇家空军的急剧扩充带来了契机，以战争为立足点，皇家空军经历了彻底的改变。带有华丽的中队标志的银色战斗机匆匆地进行伪装，还开始使用不是很显眼的由两个字母组成的辨别码，执行常规飞行的飞机开始搭载武器。

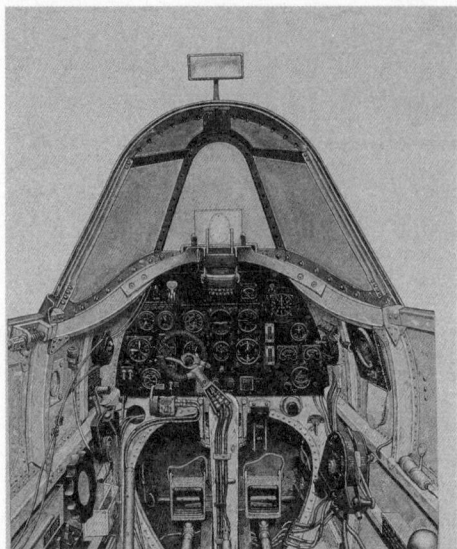

上图：一架"喷火"式战斗机的座舱，操控系统和出发按钮都设置在座舱中央。

下图：1938年，布里斯托尔"布伦海姆"中型轰炸机在该公司设在菲尔顿的工厂的生产线上。到1940年春季，MK I型已经被MK IV型替换，MK I被改装成夜间战斗机来执行任务。

上图：在英格兰南部地区上空第242中队的霍克"飓风"式战斗机正在巡逻。第242中队的飞行员主要由加拿大人组成，在不列颠战役期间由传奇式的人物道格拉斯·贝德尔负责指挥。

皇家空军必须找到驾驶新飞机和提供后勤保障的人员，做到这点依靠的是一方面征募更多的人以及提供更多"短服役期"的职位，另一方面延长那些即将退役的"短服役期"人员的服役时间。那些签署协议愿意延长服役期的人员自然拒绝成为预备队员，为了弥补预备队的人员不足，一个新的单位——志愿预备队成立了，一些预备队飞行学校为它的成员提供基础的飞行训练。到战争爆发时，皇家空军的志愿预备队已经有63000人，其中5000名飞行员接受过或正在接受飞行训练。1939年6月，女子辅助空军部队成立了，建立这支部队的目的是替换二线人员，以便解放出更多男性成为一线部队的地勤和飞行人员。1939年12月（对于不列颠战役来说太晚了，起不到什么作用），通过大英帝国空军训练计划使飞行训练学校的能力得到长足的提高，皇家空军设在加拿大、澳大利亚、新西兰、南非和南罗德西亚的飞行训练学校为皇家空军及英国所属领地的空军提供基础的和高级的飞行训练。

英国飞行员与他们的德国对手之间的差距，也就是他们真正落后的地方是行动经验。有一些皇家空军的飞行员确实参加过作战行动，但这些只是打击在阿拉伯制造叛乱的部落或是在西北前线的行动——都是低强度的。这样的行动只需要出动皇家空军服役时间最长、下图：第19中队的"喷火"式MK I型战斗机。1938年夏季，驻扎在达克斯福特的第19中队成为第一个装备"喷火"式战斗机的作战单位。飞机尾部的中队名称很快就被设置在机身的字母代号取代了。

最老式的飞机，不会为应对一场真正的现代战争提供任何发展战术或武器的机会。

　　当战争爆发时，皇家空军的扩建项目已经到了开始收获的时候。5个"喷火"式中队已经可以或马上就可以投入战斗，还有11个可以参与行动的"飓风"式中队。战斗机指挥部事实上已经成为一支现代化的部队，尽管与道丁期望的数字还相差不少。道丁曾经计算过，认为要保卫这个国家，即便是对付德军没有战斗机护航的轰炸机部队也至少需要52个中队。他要求的重型对空火炮（1264门）、探照灯（4700个）、用于低空防御的双管轻型对空火炮（300门）以及阻塞气球（仅伦敦就需要400个）的数量也没有做到。不过情况正在变得越来越好，而且至少政策方面已经完全为实施保卫英国的计划铺平了道路。

少数派

　　空军准将约翰·斯莱塞是航空部的计划总监，他是一位睿智的、务实的谋划者。1940年，当不少高级军官和政治领导人受到局势影响时，他并没有感到绝望和悲观（或是毫无根据的乐观）。他作出的估计是：只要皇家海军和皇家空军联合起来就能够抵御德国发起的任何登陆行动，但是如果没有皇家空军，仅靠皇家海军或许无法抵抗入侵。他还意识到在敦刻尔克撤退后，英国陆军正处于虚弱的状态，可能无法阻止一场"大规模入侵"。这就使是否能够在德国部队登陆并发动攻击前在海上就将他们击败变得至关重要，或者能够使德军发起登陆行动的前提条件不存在。这让皇家空军处于一个非常重要的位置，因为要抵御入侵首先必须阻止德国空军获得制空权。在这么明确的分析之下，皇家空军战斗机指挥部的重要性变得显而易见。

5月10日，德国开始发动对低地国家的攻势，在之后的3个星期内，皇家空军在西欧上空损失了509架战斗机（共损失959架飞机）。这个令人感到震惊的数字包括67架"喷火"式战斗机和386架"飓风"式战斗机。到6月5日，战斗机指挥部只剩下331架单引擎战斗机，仅在敦刻尔克上空就已经损失了106架战斗机，这次撤退还使皇家空军的80多名飞行员阵亡。到6月底，共有435名飞行员阵亡、失踪和被俘。派往法国的、从那里的机场起飞执行任务的261架"飓风"式战斗机中只有66架返回，而且还有很多损伤过于严重，以至于直接被拆解。

在法国进行的激烈的空战中（事实上特别激烈的空战是在挪威进行的），虽然战斗机指挥部的消耗极其严重，但

上图：伊丽莎白女王正在视察ATS（辅助运输部队），她是这支部队的名誉总指挥官。

在与经验丰富的德国空军飞行员的交手中，战斗机指挥部的下属部队的表现好得令人吃惊，在法国上空的战斗中皇家空军共击落247架梅塞施密特Bf-109、Bf-108和Bf-110战斗机。随着战争的持续，战斗机指挥部的大部分飞行员在不断积累战斗经验，机构也逐渐变得更加有效。以在敦刻尔克上空进行的战斗为例，皇家空军的战斗机飞行员共摧毁166架敌军飞机（声称击落217架），而自己的损失是131架飞机和87名飞行员。虽然失去了一些在和平时期最富经验的军官，可是相对的大量中层和初级飞行员（在不列颠战役中成为分区、机群和中

上图：波兰战斗机中队在不列颠战役期间起到了重要的作用。照片上拍摄的是第303中队的飞行员，在不列颠战役期间，这个中队驻扎在诺托尔特。

队指挥官）开始谱写他们自己的记录，并获得无价的战斗经验，理解如何运用战术并增加信心。更为重要的是，在法国上空艰难获得的战斗知识开始显现战前战术方面的不足，这推动指挥部在不列颠战役初期就接受改变。而当法国沦陷，英国皇家空军自己也在承受挫折带来的阵痛的同时，德国部队战无不胜的神话也被打破了。

5月14日，丘吉尔成为首相，随即建立飞机生产部并任命精力充沛的比弗布鲁克勋爵进行管理。战前建设的"影子工厂"也开始运作。纳菲尔德经营的捷豹依然没有生产出一架"喷火"式战斗机，因此，这个机构的管理权被转交给维克斯的超级航海公司，这一转变产生的效果是令人吃惊的，到9月30日，

左图：空军辅助运输部队的女成员，她们正在将飞机送往皇家空军英格兰前线的中队。她们能驾驶任何种类的飞机，从教练机到重型轰炸机。

它已经生产出125架"喷火"式MK II型战斗机。6—10月，英国每个月的战斗机生产总数分别为446架、496架、476架、467架和469架，共计2354架。在战役开始的时候，养护单位拥有222架"飓风"式和119架"喷火"式战斗机作为储备，这些飞机用来补充消耗掉的部分和装备新组建的作战单位，而即使在储备处于最低谷的时候，也至少保留着78架"飓风"式战斗机和38架"喷火"式战斗机（相当于9个中队）。与之相对的是，德国工业从6月到10月制造的飞机数量分别为14架、220架、173架、218架和144架——总共只有919架飞机。

英国除了能够快速地生产出新的战斗机之外，维修部门也付出巨大努力让受损的飞机尽快得到修复并回到战场。

在不列颠战役期间，送往前线作战中队进行替换的飞机中有35%是经过维修而不是新生产的；有60%在基地被认为无法修复的飞机在复兴的民间维修机构进行了复原，并重新飞行。到7月中旬时，英国每周可以修复飞机160架，从7月到12月共向前线输送飞机4196架。有的时候，飞机的维修遵循"立等可取"的方式，在战斗中受损的"飓风"飞进维修厂，立即就能得到维修使飞行员当天就能够及时地用它再次飞行。更换一架"飓风"式战斗机两侧的机翼并安装8挺机枪的时间记录是1小时55分钟！

战斗机指挥部从来也没有飞机短缺的危险，而位于英吉利海峡另一边的对手则需要面对这种紧迫的局面，而且英国还避免了受到燃料、油料或弹药短缺

丘吉尔成为首相

英国首相内维尔·张伯伦的声誉因为慕尼黑谈判的惨败而失去光泽（而当时有很多人支持他试图避免爆发战争的构想）。当挪威的战事爆发以后，他在议会下院面临越来越多的指责。甚至自由主义的领导人、前首相大卫·劳埃·乔治（他自己曾经访问过德国，回来时还热切地肯定了希特勒取得的伟大成就）评论道："首相一直在呼吁牺牲，现在他应该交出办公室的印信。"其他的言论更加直接。有人对他说："看在上帝的份上，走吧。"张伯伦的辞职是不可避免的，他的保守党政府被温斯顿·丘吉尔——一名保守党人，海军大臣——领导的"国家联合"政府取代。

左图：捷克飞行员——就像这位年轻的军官一样——为皇家空军的胜利做出了重要贡献。他们中有一位叫约瑟夫·弗朗蒂切克的军士，在不列颠战役期间共击落敌机17架，超过其他任何飞行员。

下图：在美国加入第二次世界大战之前，皇家空军有3个战斗机中队被称为"雄鹰中队"，分别是第71、第121和第133中队。飞行员主要由美国人组成，不过它们成立得过晚，没能参与1940年的行动。

上图：一名英国警官正在和刚刚到达英国的印度空军的军官握手。1940年夏季，保卫这个国家的飞行员来自许多国家。

的影响。英国甚至还成功地定期从美国运来辛烷100型航空燃料（很快发现这种高辛烷燃料的功效超过了绝大多数英国炼油厂生产的产品），它使战斗机指挥部安装了"隼"式引擎的战斗机到1940年3月时转而使用效率更高、表现更出色的燃油。虽然使用量非常大，但整个不列颠战役期间燃油的储备却依然在稳步地增加。

因此，对皇家空军来说飞机的可用性并不是一个问题，倒是找到驾驶它们的飞行员有的时候会遇到困难。在不列颠战役期间有大约3000名飞行人员参战，他们之中相对只有很少一部分人是常备部队的成员以及和平时期战斗机指挥部的成员，即使已经经历了20世纪30年代后期飞行员数量的大规模扩充，飞行员的数量仍然不足。超过1700名"短服役期"人员获得任命，另外还有800名新征召的NCO（士官）飞行员已经接受过训练。飞行训练学校的数量从6家增加到11家。陆军联合指挥部和海岸指挥部下属的最出色的战斗机飞行员被调往战斗机指挥部以保持飞行中队的人员数量，调往战斗机指挥部的还有从轰炸指挥部挑选出来的飞行员。和平时期的辅助部队也起到了重要作用，特别是在战役开始时。飞行员短缺的问题还促使45

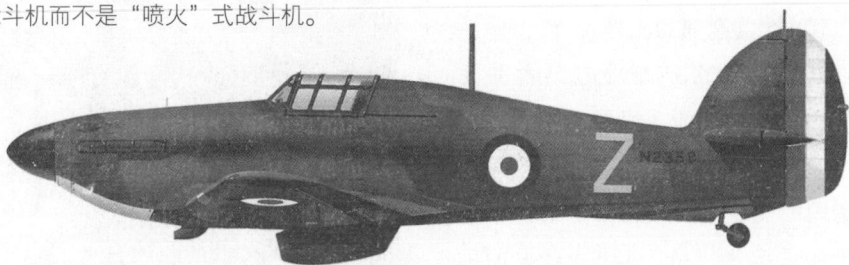

下图：构成皇家空军在不列颠战役期间的脊梁的机型是霍克的"飓风"式战斗机而不是"喷火"式战斗机。

上图: "我们要在海滩上与他们作战……"在1940年这个决定命运的夏季,首相温斯顿·丘吉尔在视察英格兰东北部的一个海岸防御阵地时这样说道。

名接受过部分训练或正在接受训练的皇家海军的飞行员调往战斗机指挥部,从1940年6月6日开始驾驶装备8挺机枪的战斗机。6月底又有30名飞行员从海军调了过来,不过后来有10个人因为要执行地中海的任务而被召回。那些留下来的飞行员在战斗机指挥部下属的部队中散布开来,有几个甚至成为王牌飞行员。

随后部队还得到海外志愿者的支援,他们挑选自帝国在海外的领地,也有来自欧洲被占领国家的飞行员,甚至还有美国的飞行员。从数量上来说,最重要的是波兰飞行员,共有147人加入

皇家空军,有些人刚获得飞行员资格缺乏经验,而有些人的作战经验则相当丰富。1939年时他们就与德国空军作战,波兰沦陷后他们又编成波兰部队加入法国空军继续飞行和战斗。那个时候成立了2个波兰中队,波兰飞行员中很少有会说英语的,对于先进的飞机的驾驶经验也相当少,大部分人在战役的后期才加入战斗。但是他们都很勇敢而且坚定,很快他们就作为令人生畏的战斗机飞行员和出色的射击手而赢得声誉。到11月时,波兰的第303中队在不列颠战役期间击落的敌机数量已经超过皇家空军的任何一个中队。而到了1941年,在战斗机指挥部下属部队击落敌机的竞争中,波兰中队排在前3位,数量分别是808架、432架和193架,而战绩最好的"英国"

下图: 在接受更加复杂的训练课程前,这些皇家空军未来的空中射击手先要学会直线射击。

左图：一架"飓风"式战斗机的地勤人员在战斗开始前，在飞机的尾翼上临时地进行一次野餐。

他刚到澳大利亚就赶回了英国）、1名南非飞行员、1名捷克飞行员和1名波兰飞行员。纽澳地区和加拿大的飞行员在后来的战争中做出了巨大的贡献，但相对于整场不列颠战役来说，这些飞行员仍然只占少数。

在不列颠战役期间，战斗机指挥部的飞行员和他们的德国空军对手之间最大的不同也许就是作战经验上的不可比性。虽然在战役进行过程中相对来说有

中队则排在第4位，成绩是150架。

除了波兰中队以外，还有第101新西兰中队、第94加拿大中队、第87捷克中队、第29比利时中队、第22澳大利亚中队、第14法国中队、第10爱尔兰中队、第7美国中队和分别来自巴勒斯坦、牙买加和纽芬兰的各一名飞行员。加拿大飞行员中还包括许多完成了全部训练的加拿大皇家空军的军官，即使在战役开始前，他们就已经能够组成一支临战状态的"飓风"式中队（第242中队）。

在战争的初期阶段，顶级飞行员中非英国籍的人数并不多。唯一一位击落超过8架敌机的美国飞行员事实上是在一所英国学校接受的教育，随后成为一名辅助部队的飞行员。顶级飞行员中包括2名新西兰飞行员、1名澳大利亚飞行员（他是英国人，父母移民澳大利亚，

下图：第303中队（由波兰人组成的部队）的地勤人员为了庆祝这个中队在不列颠战役期间击落第126架敌机，而在一架霍克"飓风"式战斗机侧面的涂鸦。这个中队在第二次世界大战期间成功地使用了"飓风"式、"喷火"式和"野马"战斗机。

霍克"飓风"式战斗机

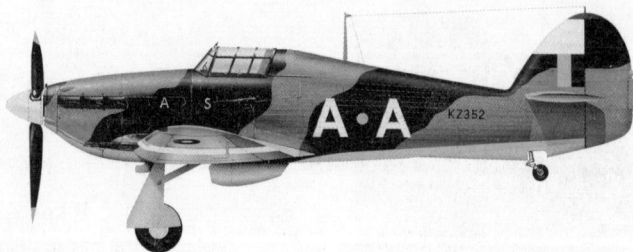

技术参数

乘　　员：1人
最高时速：521千米／小时
最大航程：716千米
武　　器：8挺7.7毫米口径
　　　　　机枪
产　　地：英国

在不列颠战役期间，"喷火"式战斗机总是出现在媒体的头条位置，并成为人们注目的焦点。其实，在战斗机指挥部下属的部队中，装备的"飓风"式战斗机的中队数量是"喷火"式的2倍（36个），而击落敌机的数量也比"喷火"式战斗机多477架。装备"飓风"式战斗机的作战单位共击落敌机1593架，平均每个单位击落44.25架敌机。尽管从平均数上来看，装备"喷火"式战斗机的中队表现比"飓风"式中队更好一些（每个中队平均击落至少60架敌机），但是必须记住的一点是："飓风"式战斗机在建造和维修方面速度更快、成本更低，而且更方便，另外也不可能让战斗机指挥部下属的所有作战单位都装备"喷火"式战斗机。

虽然"飓风"式战斗机在操作性和表现方面与"喷火"式战斗机仍有差距，可是它是一种极其有效的战斗机，对于战斗中损伤的承受能力远强于"娇贵"的"喷火"式战斗机。和"喷火"式战斗机相似的是，"飓风"式战斗机的转向性能超过更先进的梅塞施密特Bf－109E，使它成为混战的高手，并使德国战斗机的飞行员无法利用速度上的优势——特别是在俯冲时——实施攻击。

大量飞行员在法国和英吉利海峡上空作战，但是许多最富于经验的飞行员已经从前线撤回进行休息或者作为教官将自己的经验传授给别人。而且，只有少数战斗机指挥部的飞行员的作战经验可以追溯到在法国进行的战役之前。当然也有例外，这包括一些波兰飞行员，以及至少1名战斗机指挥部下属（比利时飞行员）的飞行员，在西班牙内战中同"兀鹰"军团有过交手。与之相反的是，只有少数德国空军的战斗机大队中没有安排拥有西班牙战争作战经验的老兵，大量飞行员在波兰的战争中培养了战斗技巧，而数量更多的飞行员则参与了在法国进行的战争。

电影和宣传照片常常将皇家空军的飞行员描绘成英俊、健康的青年。人们普遍认为的刚出学校的青年的形象与实际情况并不是很相符。皇家空军顶级飞行员的年龄跨度从22岁到32岁，大部分人超过26岁。他们一般都很健康，但并非所有皇家空军的飞行员都长相俊朗。他们的童年正好是20世纪20年代，那是非常艰苦的岁月，因此有些人的牙齿很糟糕，而且由于营养不良，有些人身材矮小。由于面临急需飞行员的压力，医疗检查并不会总是淘汰那些身体素质不符合和平时期要求的人。如果不是因为战争，失去双腿的道格拉斯·巴德可能永远都无法回到机舱，而美国的"矮子"卡奥——身高只有1.46米，也不可能驾驶一架"喷火"式战斗机（他需要额外增加两个坐垫）。"袋熊"克里斯托夫·伍兹·斯凯文（第43中队的一名王牌飞行员）以"狡诈"的方式进入皇家空军，因为他的视力差得吓人。为了通过体检，他背熟了视力表，而为了飞行他制作了特殊的护目镜。

在入侵法国之前，从德国境内的机场到英国的距离意味着德国能够造成的威胁之一是从荷兰和比利时起飞的没有战斗机护航的轰炸机飞越北海袭击英国。针对这种威胁，道丁经过仔细计算，认为英国需要52个中队进行防御，而他只能无助地看着在法国进行的战斗将他的指挥部下属的作战力量削减到36个中队。随着德国入侵法国，英国面临的威胁来自德国、荷兰、比利时、法国

上图：在军官办公室内的午餐。即使是不列颠战役进行到最激烈的时候，未处于待命状态的飞行员依然要保留正式的着装和礼节。

上图：飞机的识别至关重要，这样可以避免造成致命的错误。空军的见习射击手正在研究德国的飞机型号。

甚至挪威的机场，而且相对而言，英国东南部相当大范围的地区已经进入德国单引擎的梅塞施密特Bf-109战斗机的行动范围内。为了应对不断扩大的威胁，

战斗机指挥部需要变得更强大。幸运的是，法国沦陷后，部队在4个飞行大队之间进行的扩充和重新装备使作战指挥部的力量在7月初达到58个中队。

有些人认为道丁应该将他最好的战斗机集中在第11飞行大队驻防的区域（覆盖了东南部地区），而将"布伦海姆"和"无畏"式留在北部，它们可以（这是一种简单的推测）对付没有战斗机护航的轰炸机。而事实上，道丁分散

下图：第62中队的一个"布伦海姆"MK I型轰炸机飞行编队。1939年8月，这个中队部署到马来亚，在随后与日军的交战中损失严重。这个中队的一位飞行员——中队指挥官A.S.K.斯卡夫后来被授予VC勋章。

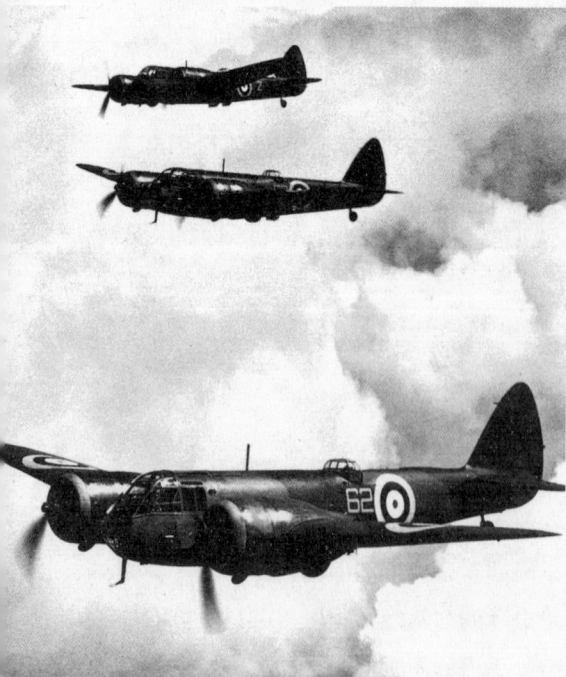

了他的资源，将12个"飓风"式中队、6个"喷火"式中队和4个"布伦海姆"中队分配给第11飞行大队；5个"飓风"式中队、5个"喷火"式中队、2个"布伦海姆"中队和1个"无畏"式中队分配给位于英国东部的第12飞行大队；3个"飓风"式中队、6个"喷火"式中队、1个"布伦海姆"中队和1个"无畏"式中队分配给北部的第13飞行大队。新组建的第10飞行大队的行动区域覆盖了英国的西部，配备了包括2个"喷火"式中队和2个"飓风"式中队。这就是"前线"的作战单位，另外每个飞行大队还有几个中队正在成为能够参与行动的作战单位。

道丁预计即将到来的不列颠战役将

下图：见习飞行员在驾机离开地面前先要学会操控林克训练器，这是一种早期形式的飞行模拟器，他们可以通过这种机器学会飞行以及控制引擎的方法。

会成为一场持久战，他的目的是在危险系数相对较低的地区保留一些由多个作战单位和多种类型飞机组成的预备队，当第11飞行大队下属的中队消耗殆尽时可以及时地予以增援。第11飞行大队是规模最大的一个飞行大队，它拥有皇家空军几乎一半的单人座战斗机作战单位。幸运的是，这个飞行大队还配备了设备精良的机场，都是20世纪20年代遗留下来的设施，当时法国被当作和德国一样的潜在的敌人，因此大不列颠在和平时期将许多战斗机中队部署在英国东南部地区。这使皇家空军为应对从法国机场发动的袭击做好了充分的准备工作。

当战役开始后，战斗机指挥部因此而具有相当出色的组织结构，而且事实上多数中队的人员都超过了正常的配置，常常有20名可以参与行动的飞行员登记在册（在和平时期的正常建制是每个中队配备18名飞行员，其中还包括几名正在接受训练的年轻飞行员）。

不过，一旦战役开始，飞行员的补充就变得更加困难。值得指出的是从1939年下半年到1940年上半年有数以千计的正在接受训练的飞行员（他们中的许多人根据飞行日志的记录已经拥有相当多的飞行时间）由于持续的训练飞机的短缺而转到其他领域。相对于一些在战役初期被击落的德国空军年轻的前线飞行员来说，这些不得不离开这个体系

上图：空军上将休·道丁，他曾是1940年战斗机指挥部的总指挥官。1945年9月，进行不列颠战役纪念活动前，他正在与大队指挥官道格拉斯·巴德上尉及其他飞行员讨论关于飞机飞越伦敦以示庆贺的事。

的极具潜力的飞行员此前累积的飞行时间更长，许多人的经验甚至超过皇家空军自己的候补飞行员。皇家空军有不少候补飞行员只有10个小时的基础飞行经历就被派往前线中队，根本就没有完成行动训练单位的全部课程。丘吉尔的首席技术顾问弗雷德里克·林德曼（后来是查维尔）不得不将飞行员训练课程从原先的为期6个月削减到只有4个星期，并让中队对学员进行最后的培训。其结果就是作战指挥部开始得到那些还没有掌握新型单翼战斗机的候补飞行员，他们在视线极差或夜间飞行时的导航或射

皇家空军少将特拉福德·利·马洛里爵士

在第一次世界大战期间，利·马洛里就已经是RFC的一名成员，而且是使用飞机来打击坦克的先锋。他的机智、战术的思维方式和雄心使他享有相当高的声誉，这或许是因为一直生活在著名的登山家、他的兄弟乔治·马洛里的影子之下，不过乔治在攀登珠穆朗玛峰的时候失踪了。有些人将他的傲慢和虚伪解释为一种他用来掩饰自己的羞涩的面具，同时他还是一位出了名的小心和忠诚的指挥官。

在不列颠战役期间，利·马洛里负责指挥战斗机指挥部下属的位于英国东部的第12飞行大队。不可否认的是，他的部队极为遗憾地只能为部署在苏塞克斯和肯特的第11飞行大队执行辅助任务，而他本人也很讨厌第11飞行大队的指挥官基斯·帕克，后者的职位一直都比他低。为了让他的大队和中队执行更突出的任务，而不是根据帕克的直接要求提供支援，他付出了相当多的努力。这直接导致两人之间的争论，并促使利·马洛里和肖尔托·道格拉斯联合起来对抗道丁和帕克。

1941年，在不列颠战役结束后，利·马洛里主持了战斗机指挥部在法国发动的一系列灾难性的攻击行动。1941年下半年，战斗机指挥部共击落敌机154架（虽然声称击落了731架！），不过每击落一架敌机，他的部队就要损失4架飞机。他在英国保留了75个战斗机中队（比参加不列颠战役的中队数量还要多），而且其中有75%的飞机并没有被使用，他也没有将先进的"喷火"式战斗机派往远东、北非和马耳他，或许它们可以在那里取得更出色的战绩。

可是似乎没有什么东西能够阻挡利·马洛里平步青云。1942年下半年，他接过了战斗机指挥部的控制权，1943年又成为盟军远征军空军部队的总指挥官，并保留了对于战斗机指挥部的全权控制。到了1944年，他已经成为一名空军上将，盟军航空部队的指挥官，直接向艾森豪威尔将军报告。但是在后来的"D日"行动时，他得到的是缺乏能力的恶名，这是他傲慢和自大的态度招致的报复。泰德（艾森豪威尔的副手，第二ATAF——盟军战术空军的指挥官）和斯班茨（USAAF的战略空中部队的指挥官）将他使用地毯式轰炸支援诺曼底的做法视作疯狂的举动，据说他们认为他缺乏战略上的领悟能力和轰炸机指挥方面的经验，对其行为感到非常恼火。蒙哥马利将军把他当作"胆小的讨厌的人"。不过其他人则持有不同意见，包括艾森豪威尔，他们认为对他的"早期的疑虑"已经一扫而空，利·马洛里的服役相当出色。

1945年，在被任命为盟军东南亚地区空军指挥官后，利·马洛里由于一次坠机事件而去世，当时他正在上任的途中。

击等方面几乎没有得到任何训练。

与不列颠战役密不可分的一点是多数成功跳伞的飞行员都能够很快回到他们自己的作战单位，因为多数跳伞者落在友邻或靠近海岸线的地区。当然那些没有严重烧伤或是受其他伤的成功将飞机降落在地面的飞行员能够很快再次起飞。而那些在海峡上空跳伞的飞行员的命运就不同了。由于英国的救援工作在协调和统一性上相当欠缺，有许多在跳伞后依然活着的飞行员在被救起之前就不幸暴露在德军的火力之下或溺水而亡。而德国空军在救援被击落的飞行员方面则做得非常出色（他们一般配备了小舢板和染过色的标志，而且救生夹克的性能也很好），即使是落在靠近英国的水域，他们拥有的一个有效的、装备精良的搜索和救援机构也会尽力帮助这些飞行员。

上图：一名空军射击手在空对空射击练习结束后正在检查目标上被他击中了多少发子弹。

少数派中的少数

在不列颠战役中年轻的飞行员以及他们为自己的飞机所起的时髦的、美丽的或是容易唤起人们思绪的名称抓住了公众的想象力。对于前线飞行员来说同样重要的（甚至更为重要的）是他们的领导者。这些人一般不像他们的下属那样多姿多彩，但是他们的个性和智慧却在很大程度上影响着不列颠战役的结果。以德国空军为例，由于其最高指挥层的能力的缺陷，因此影响了整支部队的作战表现。相反，正是战斗机指挥部总指挥官的智慧和第11飞行大队的出色表现增加了皇家空军获得最终胜利的可能性。

空军中将休·道丁爵士一直被认为是一个"乏味的人"，他的个性复杂而又矛盾，当时他所做出的功绩并没有得到世人正确的认识，不列颠战役结束后不久他就退役了。道丁从来也不是一个容易相处的、讨人喜欢的人，他性格腼腆、与众不同还有些固执，而且有时候还有些粗鲁，使人们与他相处变得比较困难。

正如皇家空军多数高级军官那样，

上图：空军上将肖尔托·道格拉斯爵士（左）和基斯·帕克这位新西兰出生的不列颠战役期间第11飞行大队的指挥官在一起。1940年11月，道格拉斯取代休·道丁爵士成为战斗机指挥部的总指挥官。

参加过第一次世界大战的道丁即将走到职业生涯的尽头。事实上，道丁曾经是一名陆军军官（一名炮长），32岁时他取得了飞行员资格（违背了他父亲明令禁止的事），并被征召入RFC（皇家空军的前身）指挥一个中队，1918年他晋升为准将。1916年，他曾被特伦查德解职，"情绪低落的吉米由于害怕更多伤亡而变得迷茫"这一明确的批评表明他与高级军官间的关系处理得很困难，以及对于自己的下属非常关心——这两个显著的特点在他整个职业生涯期间始终并存。

到了20世纪30年代末，道丁已经是英国皇家空军中将当中级别最高的军官，正因为如此，1937年2月当他没有按照预料的那样作为爱德华·艾灵顿的继任者成为空军总参谋长（CAS）时，他显得极度失望，这个职务由更年轻的希里尔·内沃尔担任。在20世纪30年代早期，道丁已经成为物资与研究部的成员，负责空军方面的事务，他获得授权进行首次雷达试验，并怀着巨大的兴趣看着由雷达和无线电控制战斗机的技术发展。在这方面他与艾灵顿（从1933年开始担任CAS）有相当多的共识。1936年，艾灵顿委任他成为新组建的战斗机指挥部的总指挥官。20世纪30年代，在皇家空军中轰炸机占主导地位，对于像道丁这种级别和经验的人来说这远不是一份顶级的差使。空军参谋部的其他人

左图：皇家空军的工作人员正在准备传单，这架"惠特利"轰炸机将把这些传单空投到敌方目标。在整个第二次世界大战期间，空投传单的行动一直在进行。

把战斗机看作是向那些惧怕轰炸机的人提供的一个聊以自慰的舒适的所在。战斗机一直接受所谓的大不列颠防空部队的指挥，而事实上它已经成为一支以轰炸机为主体的部队。不论是艾灵顿还是道丁都不是特伦查德的轰炸机理论的继承者，道丁第一次怀着巨大的热情组建一支为不列颠群岛提供防御的合适的、协调良好的战斗机部队。

随着一系列扩军计划的开展，皇家空军的预算直线飙升（从1934年的175万英镑、1935年的276万英镑、1936年的507万英镑、1937年的565万英镑到1938年最终的735万英镑），道丁努力地为战斗机指挥部争取到有用的份额。1939年9月，他声称"国家最好的防御是一支令人生畏的战斗机部队。如果我们的战斗机力量足够强大，我们就不会遭到大规模攻击，只有有限的力量才会招致攻击"。至关重要的是，他将国家划分成4个地理上的区域，并开始创建后来赢得不列颠战役的指挥和控制系统。他争取到地下指挥室，还为他的新型单翼战斗机安装防弹玻璃，并建设水泥跑道。

对于战斗机指挥部来说，道丁是一位伟大的指挥官，只是他的视野狭隘，而且对于其他指挥部的需要往往不屑一顾，这使他的朋友屈指可数。他的性格很内向，缺乏幽默感甚至有时可能粗鲁而又具有攻击性。例如，在1939年的防空演习期间，他告诉飞行大队的指挥官特拉福德·利·马洛里爵士："利·马洛里，你的麻烦是有的时候你最多只能看到鼻子底下的东西。"当阿瑟·哈里斯（后来成为轰炸机指挥部的总指挥官）被任命为道丁的高级参谋时，他汇报说道丁"倔得跟一头驴似的，不过确实是

上图：伯尔顿-保罗"无畏"式的炮塔。作为一种日间战斗机，它的缺点很明显，但在不列颠战役期间作为夜间战斗机来使用时，这种机型获得了成功。

上图：在基地中的一位加拿大空中射击手。这是一架汉德利·佩济的"汉普顿"轰炸机，在第二次世界大战爆发的最初几个月中，这种飞机为轰炸机指挥部做出的贡献是巨大的。

左图：位于南部海岸线上的一座雷达站。这些设施是德国轰炸机的早期目标。

一个很棒的老男孩儿"。事实上，道丁是一个不太适合团队工作的人，经常被当作一个带刺的、行为古怪的独行者。

随着不列颠战役的日益临近，令人感到难以置信的是，那些官僚主义者尽他们所能地将道丁的注意力从正在从事

下图：一名WAAF（女子辅助空军部队）的成员正在注视着其阴极射线管显示出来的敌人活动的信号。"雷达"这个术语直到不列颠战役结束后才开始使用。这套系统被称为RDF（无线电方向探测仪）。

的工作上转移走。最初道丁得到保证能够服役到他年满60岁（1942年），不过1938年8月，这项保证被废除了，他被告知1939年6月他就将退休。后来他的服役期被延长到1940年3月31日，3月30日，他得到消息可以最终留到7月14日，但又没有告诉他将工作移交给什么人。7月5日，他被要求留下来直到10月。道丁接受了这些，但他也对这种无礼的决定不断地抱怨。

这种工作上的不稳定感在法国的战斗期间达到了顶点，他积极地争辩试图避免将宝贵的战斗机浪费在法国。历史证明他持有的反对意见是相当有道理的，但是在当时，他的见解并没有被广泛地接受，而且空军总参谋部那些态度犹豫或是不同意他的意见的成员公开地对他表现出蔑视的态度。为了反对将战斗机派往法国，他甚至站到了与首相对立的位置上，因为丘吉尔已经答应向法国提供援助。也许是这种行为让人感到非常吃惊，它最终帮助道丁赢得了丘吉尔的支持。7月10日，当那个争论不休的退休时间向后推迟时，丘吉尔写信给空军总参谋部称道丁是"你们拥有的最好

的指挥官之一。只要战争持续下去他就必须继续待在自己的岗位上"。丘吉尔甚至建议：道丁非常能干，或许可以取代内沃尔成为空军总参谋长。不幸的是，这种支持注定是短命的，或许根本就是权宜之计。

随着不列颠战役继续进行，道丁的星光开始变得暗淡。空军副总参谋长、空军少将肖尔托·道格拉斯以及道丁自己的下属特拉福德·利·马洛里无情地表示了对道丁的不信任，并策动解除他的职务。从某种程度上来说这是道丁自己的错误，因为很明显的是，在战争期间他没有能够解决好

上图：当一座现代的、装备精良的战斗机指挥部总部控制中心在本特利普莱奥利建成之前，1939年底先建造了临时的行动指挥部。

他下属的两个飞行大队的指挥官（利·马洛里和帕克）之间的隔阂，这直接使他招致领导能力差的指责。他的境遇艰难还因为他缺乏那种外露的信心，这是丘吉尔喜欢在他的下属身上看到的，确切地说就是这种不同的悲观主义让首相无法容忍。虽然道丁是一个"灰色的男人"，不过他工作努力而且精力充沛，除了个别例外，他对于任用方面的判断力非常出色，他任用了许多极富能力的下属，他很愿意也能够让他们来代表自己。

不走运的是，相对来说是一些琐碎的、与工作并没有太大关系的事情交织在一起导致了道丁不幸的离职，而他为数相当少的盟友也没有能力提供帮助。他与比弗布鲁克的关系一直很好，他们都不喜欢"航空部长和那些血腥的空军中将"，同时他们相互间又都非常尊重。道丁感激比弗布鲁克创建的生产和维修机构，作为回报他愿意放弃宝贵的"喷火"式战斗机，按照比弗布鲁克的要求，让他们执行侦察任务。可是，比弗布鲁克自己也承受着许多压力，而且他的雄心和不断增加的权力也招致别人的怨恨，甚至被认为是丘吉尔的潜在

竞争对手。到不列颠战役结束时，他没有能力为拯救道丁而做任何事。弗雷德里克·派尔爵士（防空部队的指挥官，道丁为数很少的朋友之一）这样总结道丁："一个难相处的人，一个固执己见的人，不过也是一个最坚定的、没有一个人能在空战领域各个方面比他了解更多的人。"最终，他的能力没能保住道丁。

到不列颠战役结束时，相当明显的是，正是道丁对于资源细致的管理使英国赢得了战役。他一直很担心介入任何在日德兰半岛进行的空降行动，因为那

下图：在伦敦的塔楼附近，一个阻塞气球正在升起。德国方面非常严肃地对待这些气球，在一些轰炸机上专门安装了切断金属绳索的设备。

可能完全摧毁他的部队，而且他花了很大精力确保有足够的后备力量时刻准备着，对在前线的第11飞行大队下属的中队，随着德国进攻的冲击而筋疲力尽时进行补充。回顾不列颠战役，道丁的策略不可否认是正确的，但这也招致了利·马洛里的愤恨，他极度怨恨道丁迫使自己不得不执行那些其实是至关重要的任务。其他的第12飞行大队的人员则觉得是道丁允许帕克去为一场"第11飞行大队的战役"而战斗，而这原本应该是一场"战斗机指挥部的战役"，他们深深地误解了道丁，道丁这样做是为了让有限的部队介入，保存力量从而赢得一场会变成持久战的战役。这些人中就包括极具个人魅力的、第242中队的指挥官道格拉斯·巴德，他的助手是一位议会的成员，很容易找到首相，因此他能够将第12飞行大队的抱怨直接传达到丘吉尔那里。

道丁那谨慎的、不引人注目的战略也没能够说服丘吉尔。首相是一位门外汉（他的军事方面的知识早就过时了），欣赏的是大胆的、华美的作战方式。除了他那华丽的强有力的辞藻，丘吉尔从来都没有只将不列颠战役当作一次防御行动，他认为行动需要使用这个国家能够聚集起来的所有力量，并且他希望能够对敌人发起反击行动。甚至当战役进行到最激烈的时候，丘吉尔更感

上图：一张吸引志愿者加入辅助空军部队的阻塞气球中队的宣传招贴。

兴趣的是皇家空军是否能够发起一场大规模的轰炸战役。但道丁意识到有必要击败夜间"闪击战"（AI雷达和更多"英俊战士"战斗机），他非常务实，不愿意仅仅为了作秀而采用效果较差的方式，但是这却没有让他取得那些希望有些事能够"被看到被执行"的人的欢心。实际上，道丁反对在夜间广泛地使用"飓风"式战斗机，他担心使用单引擎夜间战斗机的收获会很小，而且还可能以付出宝贵的人员方面的损失为代价。可是他的反对意见却被当作证据展

现在他的竞争对手面前，以证明他缺乏必要的维系下一阶段（进攻）战事的魄力。

虽然他与高层的关系一般，可是他的反对者却并有没有被限制触及皇家空军的更高层。一份匿名的文件送到了保守党的下议院议员手中，指责道丁"不够睿智，头脑的反应非常慢"，并将战斗机指挥部描述成一场"一个人的表演"。有些人怀疑这份文件源自于唐宁街。马科斯·黑斯廷斯评论道"丘吉尔对于那些他认为在战争中没有尽全力的人员的态度显得相当粗鲁"，而道丁"就像韦维尔，是首相最无情的牺牲者"。永远都无法知道丘吉尔是否为了让道丁离职而表过态，但可以确定的是，对于肖尔托·道格拉斯和利·马洛里施加的压力，丘吉尔没有表示丝毫反对。

1940年11月17日，道丁被解职，由肖尔托·道格拉斯继任。道丁（根据某些消息来源）接到通知在24小时内要腾出他的办公室，并被生硬地告知"航空委员会没有其他进一步的工作给你"。事实上，道丁开始接手一项对美国来说至关重要的任务，后来还在航空部工作，并最终于1942年退休。可是，这对于一个构建了胜利的人来说是极不公正的待遇。遭到同样不幸命运的还有他最重要的也是最具有天分的指挥官基斯·帕克。12月，帕克被转调到训练指挥部

（利·马洛里接手第11飞行大队的指挥权），他只能看着利·马洛里飞速升迁。过了很久，帕克这样评论："到我死的那天，我都会痛恨将道丁和我赶走的卑劣的阴谋，就在我们刚刚赢得了不列颠战役之后。"

控制、指导和侦察

每个学生都知道雷达是使皇家空军赢得不列颠战役的决定性因素之一，这点相当正确。不过"雷达"这个名称直到1943年才开始使用，常常被人遗忘的是德国事实上也部署了雷达，而且德国的雷达或许比英国的更加先进。英国的雷达（不确切地、易混淆地被称为"无线电方向探测仪"）简单而且粗糙，但事实上它们很有效，足够稳定，经得起实际操作的考验。并且，英国的雷达被

皇家空军少将基斯·帕克爵士

帕克最初作为一名陆军军官在法国和加里波利作战，1917年，他被调往皇家空军部队。后来，作为道丁过去的空军参谋部高级军官，帕克帮助道丁为应对战争而组建战斗机指挥部，而且他很熟悉自己的这位上司的想法和处事的方式。因此，他是第11飞行大队指挥官的理想人选，皇家空军的这个作战单位在不列颠战役期间抵挡住德国空军发动的所有攻势的大部分力量，他从1940年4月开始接手这支部队的指挥权。

帕克能力出众、敏锐而又有效率，他是一位反应迅速而又坚定的决策者，对于细节有极强的把握能力。不过他对于是否受人欢迎并不感兴趣，他的对手们认为帕克是一个高度紧张、敏感而又以自我为中心的人。有一些人指责他过于虚伪，而另外还有一些人道听途说，将别人对帕克的看法直接作为自己的看法来表达。帕克赢得了他的飞行员们的尊敬，依靠的仅仅是他的人格力量和取得的成绩。他驾驶自己的"飓风"式飞机前往基地的习惯也是一种受到前线飞行员们赞赏的表现——一位亲自驾驶"飓风"式战斗机飞行的AOC至少能够部分地了解他们所做的工作。

据说帕克在不列颠战役后"精疲力竭"，这些确实是让他离开由利·马洛里来代替他的最合适的理由。后来，帕克在中东接连获得过许多委任，包括负责马耳他的空中防御工作而取得的巨大的成功。当利·马洛里被任命为盟军东南亚的空军指挥官在上任的途中由于空难而去世后，帕克取代了他的位置。

合理地整合进一个计划周密而有效的控制和报告系统。相反，德国的雷达只是被用来执行有限的海上侦察。德国的技术专家拒绝相信英国的专家已经解决了雷达用于空中侦察时会遇到的问题，并推测英国只拥有用于海岸侦察的雷达而且还设置了不合适的频率。

英国的控制和报告系统的根源要追溯到1933年建立的战斗机地面控制系统，地面人员使用无线电话向飞行员传达指令，当他们超出了控制器的范围时则使用高频无线电定向（HF DF）方式开展工作。到1935年，这套改良的系统已经能够在夜间有效地指导战斗机抵达轰炸目标的云层上方。

到了1936年，战斗机指挥部正在试验利用雷达控制进行的拦截，雷达提供目标位置（由操控员注意到的"来路不明"的目标），指导作战飞机进行拦截。三角函数和计算机无法提供最好的、最快的方式让战斗机实施拦截，因而发展出一套系统，经过专门训练的操控员根据他们自己的判断和积累起来的经验得出结论。他们很快就达到了93%的成功率。

雷达从1937年开始正式投入使用，HF DF被用来追踪友军的战斗机。每架飞机每分钟都会传输自己的DF信号14秒，采用同步的彩色编码钟，这些信号经过编码可以让操控员知道它是从哪架

上图：正在打开的一盏探照灯。在航空雷达成为一种有效的武器前，夜间战斗机的飞行员只能依靠探照灯和爆炸的炮弹来判断敌方的轰炸机。

下图：夜晚，一门正在射击的口径114.3毫米的防空火炮。照片前方的是测距仪和校正仪。

下图：在皇家空军的一个战斗机基地添加燃料的"喷火"式战斗机。飞行间歇的快速周转时间非常重要，因为机场始终受到敌人发起的突然袭击的威胁。

飞机上发出的。这套系统被称为"尖叫"，它简单而又非常可靠，它的绰号是"小公鸡"，因此，如果一名飞行员在起飞的时候没有打开"尖叫"系统，操控员就可能会问："你的小公鸡在喔喔叫吗？"

1939年10月，VHF（超高频）无线电方向探测仪开始使用（第66中队），并在1940年9月底取代了HF DF。使用HF或VHF无线电方向探测仪通过三点确定友军战斗机位置的方法只是整个系统中的一个组成部分。

这套系统其他方面包括侦察、定位和追踪目标，因为目标不会通过"尖叫"系统来暴露它的位置。最初声呐的使用被给予很高的期望，但后来证明它只有在特定的条件下才能够起作用，而且有效范围还不到13千米，也不能给出高度和距离的指示。在1934年的防空演习中发现即使是古老的维克斯"弗吉尼亚"在2133米笨重地飞行时，声呐都很难对其信号进行拦截。

H.E.温佩斯先生是政府方面的技术研究总监，他被授予广泛的权力，为的是探求怎样使用技术才能够让战斗机变得更有效率。温佩斯非常严肃地对待这项任务，他立即找到了苏格兰的物理学家罗伯特·沃特森·沃特，询问生产出一种实用的以无线电波为基础的"死亡射线"的可行性。对科学家来说立刻就可以得出明确的答复，没有办法（至少在当时）转换出足以对人或是飞机造成伤害的射线，不过沃特森·沃特也指出无线电波用来探测目标的潜力。他询问航空部是否有兴趣了解目标飞机是如何反射传送出的无线电波从而被发现的。

蒂瑟德的委员会负责防空方面的科学调研，它被要求提交一份文件，而这份文件（题目是"通过无线电方式对飞机的侦测和定位"）在1935年2月12日递交给航空部。和许多伟大的发明一样，利用无线电侦测飞机最初也是因为一起偶然的事件而发现的。沃特森·沃特意识到邮局的人抱怨经过的飞机可以干扰无线电信号，然后这些信号又反射回来重播一次。他得出结论：被传输的信号和随后被飞机反射回地面的信号间的时间差可以通过阴极射线管表现出来，可以用来测量信号发射器和目标飞机之间的距离。

右图：女子辅助空军部队的一位飞行指挥官。女子辅助空军部队在不列颠战役期间完成了非常重要的任务。

上图：当英国与德国的战争变成事实时，在伦敦美丽的公园中挖掘防止敌人滑翔机降落的壕沟以及防空战壕就成为一项令人难过而又势在必行的任务。

道丁——随后成为研究和发展部的航空方面的成员——对此极富热情，并在1935年2月26日组织了一次演示。演示中使用的是设在达文特里的BBC的短波发射器和一架经过的汉德利·佩济公司的"海弗德"飞机。在地面的观察人员能够看见在监视器上出现了一个绿色的点，当飞机接近时，绿色的点开始缩小，随后又恢复了原样。就是根据这个

上图：伦敦遭到空袭后的一件最令人感到难过的事就是儿童的集体撤退，一个个家庭被迫拆散。

上图：许多无法在户外建造防空掩体的家庭只好采用室内的——这个掩体已经被当作一张餐桌来使用，不过这种掩体的效果有限，特别是在被炸弹直接击中时。

有些模糊的演示，他们获得了1万英镑的经费用来发展一套系统，使它具有实用性。

指定RDF（快速部署部队）找到它与HF DF之间的关联后，新型雷达的发展非常迅速。到7月时，雷达已经能够侦测到60千米距离内的飞机，并且能够追踪目标超过68千米。就在同一个月，科学家们正确地辨别出由3架霍克"雄鹿"飞机组成的编队接近它们的维斯特兰德"华莱士"目标飞机，到9月时，它们已经能够可靠地追踪90千米范围内的飞机。这已经能够满足武装部队的使用要求了，不过雷达在确定高度和具备的精确度方面依然存在问题。有人建议从南安普顿到泰恩河建立一系列雷达站。1936年2月，第一座雷达的天线组在奥弗尼斯竖立起来，而科学家们转而前往鲍德西，在那里建立起锁链中的第一座雷达站，并成立了一所雷达训练学校。首批5座雷达站分别位于鲍德西、坎纽顿、大布罗姆利、敦刻尔克和多佛尔。1936年3月，一架"雄鹿"飞机在100千米外就被定位，而在9月，在鲍德西举行了一年一度的防空演习。第一座雷达站于1937年夏季正式移交给皇家空军，鲍德西的雷达站在5月移交，多佛尔的在7月移交，而坎纽顿的在8月移交。

慕尼黑事件后，雷达站的建设开始加速，强制性收购土地并搭建木质塔楼。1938年，虽然雷达站已经可以开始使用，但官方依旧沿用"航空部试验站"这个称谓，从1939年的耶稣受难节开始雷达站24小时实施监控。一系列小的演习完善了系统，同时使操控人员得到了锻炼技术的机会，提高了他们对于大规模袭击时部队的力量和组成的判断能力。到了这个时候，雷达已经能够提供有用的方位信息和高度方面的数据，它还与新的"转换器"（从本质上来说是粗糙的电子计算器）连接在一起使用，得出距离和方位上的信息，并显示在标准的格子地图上。皇家空军也正忙着在他们的飞机上安装IFF（敌我识别）装置。它是一个小型的发射装置，安装它的飞机能够在雷达上显示出特殊的"点"，使雷达操控员能够区分出是己方的飞机还是敌人的飞机。1939年进行的防空演习为有效使用雷达站锁链提供了操练的机会，同时还进行了皇家空军同雷达站和观察站之间协调行动的探讨。演习肯定了在雷达上付出的所有艰辛工作，这次演习还证明了IFF的有效性。

最初的雷达站锁链由21座雷达站组成（被称为连锁之家），使用的是固定式天线，在4根天线杆之间将天线绑成网状。它们的覆盖范围分别是40.2千米，飞行高度为304.8米的目标；56.3千米，飞行高度为609.6米的目标；80.5千米，飞行高度为1524米的目标；133.6千米，飞行高度为3962.4米的目标。这条雷达站锁链还得到了另一条由30座低级别雷达站组成的锁链的辅助，这些雷达站原来是计划用作海岸防御的。它们使用设在塔楼顶部的旋转天线，传输狭窄的

下图：志愿救护队的成员正在接受训练，这些志愿者在夜晚要冒着生命危险在英国各个城镇由于"闪击战"而造成的瓦砾间执行任务。

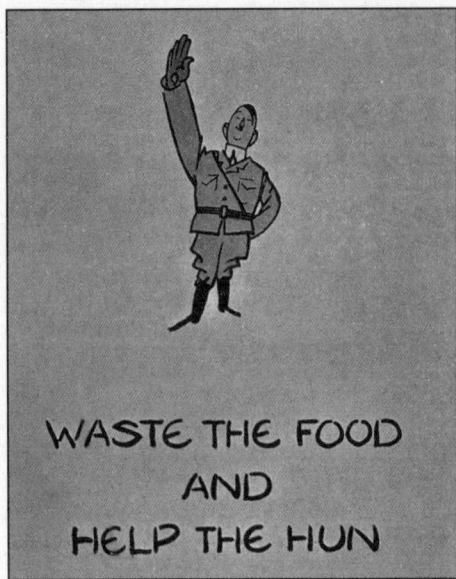

WASTE THE FOOD
AND
HELP THE HUN

上图：由于英国需要依靠海上贸易生存，因此像这样的招贴已经明确表达了其中的含义。第一次世界大战时期，德国的U艇战术将英国压迫到饥饿的边缘，现在，德军一定会再一次这么做。

"搜索"无线电波，能够应对地空的目标，只是它们的覆盖范围较小，而且无法提供高度信息。两套系统通过电话联系在一起，而且能够相互传送雷达图，所有这些信息都汇总到战斗机指挥部的"过滤房间"中，使战斗机指挥部的控制人员得到一张完整的"空中地图"。

在不列颠战役开始的时候，两条雷达站锁链能够对一次即将到来的袭击提供平均20分钟的预警。这种预警是无价的，因为德国设在加来的机场距离内陆的像坎雷这样的战斗机机场只有100

千米（离曼斯顿这样的沿海机场甚至更近）。一架"喷火"式战斗机从飞行员登机到爬升到6096米需要13分钟，而一架"飓风"式战斗机则需要16分钟。因此，在不列颠战役中雷达为战斗机进入战斗争取到了一段无价的时间。

当雷达为即将到来的袭击提供早期预警，同时追踪袭击部队的动向时，观察站也在袭击部队飞越海岸的时候负责对其进行追踪。两个机构都为战斗机指挥部提供它们的图表和追踪信息。两条雷达站锁链提供的信息被送到设在地下的"过滤房间"（1940年3月搬出了舞厅似的地下室），这些信息将与IFF的信号进行对比。战斗机指挥部的行动指挥室（也设在这个地下指挥部中）的指挥小组由战斗机指挥部的总指挥官、观察站的总指挥官和防空指挥部的总指挥官以及来自轰炸机和海岸指挥部的联络官、海军和安全部的官员组成。作战图上会显示出飞机在全英国以及其海上通道的路线，而在第11和第12飞行大队设在地下的行动指挥室中则只显示已经和即将进入他们各自行动区域的敌军攻击部队的信号。

飞行大队的行动指挥室也会收到雷达站提供的信号以及从观察站直接送来的视频信号，随后他们就能够根据这些信息确定应对这些袭击的适合的分区。每个分区都有自己的行动指挥室，而且还有应急的行动指挥室待命，一旦主指挥中心在空袭中被摧毁，备用的指挥室立即就能够接过指挥权。应急性的行动指挥室被设在各种不同寻常的建筑中，例如，有一处设在了一家肉类食品店中，而另一处则设在一家烧烤店和一栋公共建筑之间。每一个行动指挥室都通过地面排设的电话线和电传打字机同飞行大队和战斗机指挥部相连接，邮局对于这些线路的保养和维修工作是杰出的，即使是战役进行到最激烈的时候，当分区和飞行大队的指挥室成为首要攻击目标时依然如此。分区的行动指挥室有自己的雷达图像表，它们通过地面线路得到雷达站和观察站传送来的信息，本方战斗机使用的"尖叫"系统的信号也会在图表上显示出来。

分区行动指挥室的控制人员命令飞机起飞，随后指导各个中队进入指定的位置对敌机实施拦截。接下来，当控制人员听到"目标！"（敌人出现在视线中）的呼叫后就坐回自己的位置，将战斗指挥权交给中队指挥官，但他依然监听直到交战完全结束，中间他只会因为要警告指挥官有新的敌机出现等情况时才会插话。战斗结束后，控制人员指示部队"烤薄饼"（回自己的基地着陆）。

德国空军此前的对手没有一个拥有一套控制系统，而皇家空军则具备一套高密而高效的控制和指挥系统。这对于德国空军来说是一个不小的震动，他们认为飞机的地面指挥只有飞机在视线中出现，并靠近自己的基地时才使用。对德国空军来说，敌人除了有足够的预警时间之外，对于攻击部队的位置、高度和速度的情况也都能掌握，可是德国空军却没有能够作出反应，修改自己的战术以应对这种新的局面。

战争中的平民

今天，多数英国人要么是经历过不列颠战役，要么是自己的家庭成员经历过那个时期。对于不列颠战役的兴趣如此浓厚，不仅仅因为它是第二次世界大战时期在英国本土（更准确地说是在英国上空）进行的唯一一次重大战役，而且战役还直接将平民也包括在内。其结果是不列颠战役成为电影、电视纪录片、戏剧（甚至是连续剧，如《父亲的军队》、小说和新闻报道的主体。因此，现在对于不列颠战役有许多民间的记录，主要以当时的宣传、当时和后来的电影工作者的解释、记者和小说作家的文字为基础。随着时间的推移，1940年发生的事件的目击者的数量不断减少，这些保存下来的记忆被其他述说这场战役的人所修改。而且这些记忆还随着自然的怀旧情结被定型，最终英雄主义和崇高的东西因为受欢迎而被人们记

左图：工厂的工人们正在为步兵生产防毒面具。毒气在第二次世界大战期间并没有被使用，尽管交战双方都在试验更为致命的气体。

住，也许还进行了夸大，关于那个时期的刺耳的事实有的时候就被人们删节或忽略了。

因此，如今人们眼中的那个深处战火的英国是以怀旧的目光来看待的，当时的英国人由于一股强大的精神力量，为了一个共同的目的而紧密地团结到了一起。和许多伟大的传奇一样，这种观点有其事实依据，可是实际情况往往更为复杂，因此有必要以审慎的态度解读任何关于"战争中的人民"的描述。

有英雄主义是自然的，也应该有崇高、无私和大无畏精神。许多志愿者排队等候要求参军服役，而不是等待征召，许多人放弃了收入丰厚的安全的工作而从事对战争具有价值的工作。人们志愿加入地方防御志愿军，或作为辅助消防员、警察、火灾警戒员和空袭看守

人。对于捐献钢铁和铝的号召，人们反应积极，纷纷捐出家中的金属器具，而且积极投身战时生产。为"喷火"式战斗机生产金属弹射椅的是学校开设的作坊，学生们挥舞着比自己的脸还要大的

下图：一名装备了汤姆森冲锋枪的地方警卫的成员正要出门执行任务。地方警卫的成员之前被称为地方防御志愿者（LDV），可笑的是最初他们遵照"观察、隐蔽和消失"的方式来执行任务。

锤子，妇女组织则打磨刚铸造出来的飞机部件粗糙的边缘。

当伊登在5月13日呼吁志愿者组成地方防御志愿军（后来更名为地方警卫）时，在一个星期之内就有大约25万人报名参加，到8月底时，已经有100万人加入。虽然设备和武器都很落后，但是地方警卫渴望参加战斗，他们乐意执行基本的警戒和巡逻任务，并因为能够分担前线部队的一些任务而感到骄傲。地方警卫的这种渴望可以通过他们进行自我武装的行动反映出来。一个艾塞克斯排用短剑来武装自己，德文郡中部的猎人在达特沼泽上组建了一支机动部队。除了使用霰弹枪、短剑、棍棒和自

下图：陆军的摩托车部队在苏塞克斯的城镇间巡逻，搜索德国伞兵的踪迹。整个夏季，为防止德军入侵而进行的巡逻行动非常活跃。

制的汽油炸弹的临时拼凑起来的地方警卫，还有一支高度机密的抵抗力量存在。由3个营组成的一支辅助部队被组建起来，部队的士兵装备精良而且训练有素，他们机智地在环境适宜的地区以分区甚至是排为单位隐藏起来。一旦发生入侵，他们会转入地下，随后潜伏在敌人的后方执行侦察和破坏任务。

还有许多其他组织，他们没有被征召进入正规部队的编制，但也能够为战争出力，帮助自己的国家进行防御。一支空袭看守部队在1937年成立，他们的任务是向公众提出建议，检查防空掩体，管理防毒面具以及检查"灯火管制"（夜间昏暗的灯火使德国的导航非常困难）。除了6000名职业消防员，还有一支由近6万名志愿者组成的辅助消防部队。此外，辅助的警察部队也为正规

警察部队完成了价值不可估量的支援任务：看守战俘、指导救援、增援空袭预警部队并帮助被击落的皇家空军飞行员回到他们的基地。

在不列颠战役期间，最宝贵的由志愿者组成的部队就是观察站系统。雷达可能看到海上的目标，为即将到来的空袭提供预警，但对于自己的身后的情况则毫无办法，雷达不能看到后方的陆地。观察站负责追踪并报告在大陆上空的飞机的动向。观察站的成功要归功于成员们的热情，他们中有许多是飞行爱好者以及早期的飞机观察员，因此他们将自己的工作视为兴趣爱好的延伸。这套系统以第一次世界大战时使用的系统为基础，警方的巡查官向海军部汇报敌

上图：地方警卫的成员正在一个用沙袋建成的掩体后方瞄准一架低空飞行的飞机——这次是一架皇家空军的阿弗洛"安森"飞机。不过在不列颠战役期间，地方警卫确实击落过一架德国飞机。

下图：武器专家正在测试配备了8挺机枪的"喷火"式战斗机对靶垛的射击效果。"喷火"式和"飓风"式使用的是"协调性"机枪，子弹构成的圆锥形会在228米处汇聚成一点。

机的动向，后者又将报告交给作战办公室的阿什莫尔将军。

阿什莫尔是1924年组建的在和平时期就敌机动向进行观察试验的委员会的成员，他还在汤布里奇和罗姆内湿地之间建立了9个观察站，并将控制中心设在克兰布卢克。第一批观察员作为特种巡查官（不支付报酬的志愿者，他们以警官的身份执行任务）进行招募，这仿效了首次在第一次世界大战时期使用的系统。这些试验取得了极大的成功，并直

美国和不列颠战役

面对德国的入侵，英国的武装部队（至关重要的是这其中包括大英帝国除英伦三岛外其他地区的部队）事实上成为在西欧阻止纳粹德国获得完全胜利的唯一障碍。1940年，那个最终将德国击败的联盟（英国、苏联和美国）尚难以预见，尽管有一些美国人是积极的反纳粹者（包括总统罗斯福本人），但这个国家普遍地不愿意介入一场被视为欧洲战争的战事。

除了同情，罗斯福最初并不愿提供帮助。英国首次提出的租借要求，包括40～50艘旧驱逐舰以及提供飞机、防空火炮和弹药，但这个要求被礼貌地搁置起来。一些美国人怨恨第一次世界大战时期英国拖欠的债务还没有完全偿还清，而另一些认为德国会取得胜利，任何对于英国的军事援助将损害美国的利益。

福特汽车公司拒绝制造已经获得授权的莫林引擎，因为它不想让自己"卷入到战争中去"。尽管幸运的是帕卡德汽车公司接受了生产订单并签订合约。许多权威人士（包括查尔斯·林德博格）积极发起运动，希望美国保持中立，这中间有些人是因为不满英国在海外殖民统治的力量，有些人讨厌局势出现延缓，有些人是为了自己的利益，而还有些人则是出于同情纳粹的原因。美国驻伦敦大使约瑟夫·肯尼迪预测"民主将在英国终结"，呼吁采取不干涉的政策。但是，也有一些美国人（多数是陆军将领和海军参谋部的官员）意识到英国的失败将导致美国更容易遭受经济上的损失甚至是直接攻击，特别是英国海军舰队被德国人击败后。但即使是那些愿意帮助英国的人也很难为美国直接介入找到一个合适的理由，而且这个问题不是几个月就能够解决的。总而言之，英国独自在抵抗纳粹的战争机器。美国干涉主义者的势力增长得很快。作为对于设在纽芬兰、百慕大、巴哈马、牙买加、圣卢西亚、特立尼达和英属圭亚那的海军基地的协议的回报，即一旦英国战败，确保皇家海军的舰艇不会移交给德国，美国终于同意向英国提供50艘多余的驱逐舰和一定数量的飞机。然而这份协议直到8月份才达成，对于影响不列颠战役的进程来说太晚了，起不到什么作用。结果英国只能依靠自己在不列颠战役期间生存下来，而且最终它做到了，英美同盟就这样开始了。

接促成两个覆盖肯特郡和苏塞克斯郡的观察站的建立，指挥部分别设在梅德斯通和霍舍姆。

观察站参加了1925年的空军演习，并取得显著的功效。演习结束后，这个组织的规模又进行了扩建，在东部的几个郡以及汉普郡建立了新的观察带。到1925年年底，已经有100个观察站，分别属于4个分区指挥部。每个指挥部都与战斗机指挥部的一个分区机场挂钩。因此，位于梅德斯通的第1飞行大队与美仁山分区联系，位于霍舍姆的第2飞行大队与坎雷分区联系，位于温彻斯特的第3飞行大队与坦米尔分区联系而位于科彻斯特的第18飞行大队则与北韦尔德分区联

上图和下图：观察站（后来成为皇家观察站）的成员在不列颠战役期间起到了重要作用，他们能够提供辅助的对于敌军空袭的高度和强度的评估。

下图：由于英国的海岸船队一直受到德军的俯冲轰炸机的威胁，而又不是总能派出战斗机进行护航，因此某些形式的自我防御成为必需。

系。皇家空军从1929年开始接管观察站的管理工作，安排了一位退休的空军准将来负责这个机构。在20世纪30年代期间，观察站经历了稳固的扩充，直到建立了5个大区，16个分区，而它的总指挥部与战斗机指挥部一同设在了本特利普莱奥利。

观察员在进行观察的时候一般使用肉眼和望远镜，他们会用到一些特别的设备和流程来确定敌人攻击部队的方

位，并估算敌机的高度。这些细节连同飞机的型号、数量和位置都会被标注在一系列覆盖2千米范围的方形地图上送到分区指挥部。每个分区指挥部大约有12名计划人员，每个计划人员负责联系2~3个观察站，他们不断关注敌军的动向，并在一张格子图表上更新信息。联络员坐在一个高处的台上，将他们的"空中地图"传送给皇家空军的分区、飞行大队和行动指挥部，并接受两套雷达系统传送来的最新情况。

1938年，慕尼黑危机过后，观察站系统进行了全体总动员，整套系统在1939年进行的空军演习中进行了测试。从1939年8月24日开始，整个系统下属的观察站开始了为期6年的不间断的运行。观察站系统（在1941年获得了"皇家"字样的前缀，以肯定它在不列颠战役中为保卫英伦诸岛而做出的不可估量的贡献）和许多其他民间组织一样有理由成为这个国家的骄傲。

然而，除了光荣的英国民众为战争而付出的努力外，也有一些不那么光彩的因素。例如，食物配给就为诈骗者和黑市商人提供了机会，对他们来说，钱似乎是唯一能够摆脱不舒适的方式，他们认为没有理由平均分担战争的负担。还有其他人性方面沦落的事例。当巴尔弗女士在德国空军的袭击过后被困在一家法国餐馆的瓦砾中时，她意识到是救

上图：火箭是英国防空体系中重要的组成部分。这样的一个火箭发射单元能够发射128枚火箭弹。

上图：一名投弹瞄准员正在皇家空军的一所轰炸学校接受训练。战争初期，轰炸瞄准不顾及命中率，多数炸弹没有击中它们的目标，不过轰炸的效果却鼓舞了英国的士气。

下图：1939年冬季，英国部署在西线的防空火炮。英国军队有一些极出色的装备，可是它们的数量实在是太少了。

下图：英格兰南部海岸线上的一门火炮。这种海岸火炮既能威胁船队和舰只，又能攻击飞机。

援人员的人拿走了她手上戴着的戒指。几个小时后，受伤的她终于摆脱了瓦砾的束缚，可是当她招呼一辆出租车希望能把她送回家时，司机却拒绝让她进入车子，理由是不想让车子里有血迹。而经常发生的情况是，第一批到达轰炸现场的实施救援的工人或警察会抓到掠夺者，他们的口袋中装满了从死者或是濒临死亡的人那里夺来的珠宝和钱包。掠夺的问题非常普遍，问题严重到甚至连辅助消防部队也得到了他们会掠夺由他们参加救援的建筑的不好的名声。

虽然在面对德国的轰炸中，英国

社会并没有崩溃，但在最初的一些日子里，有些事情看起来非常丑恶，而且伦敦东部的工人阶级感到只有他们的肩膀在承担战争的担子。幸运的是，这种严重的秩序混乱在伦敦西部以及时尚的肯辛顿和切尔西遭到轰炸后逐渐减小了。

可是，当伦敦东部的人们从他们被轰炸的房屋中撤离后，他们中的一些人还是不得不住在户外的埃宾森林。

上图：英国皇家空军的新型战斗机——超级航海公司生产的"喷火"式战斗机在第19中队开始了它活跃的服役生涯。1938年，第19中队成为首支得到这种战斗机的作战部队。作为不列颠战役中主战飞机的一种，最初生产的一批"喷火"式战斗机采用双叶沃兹螺旋桨，后来生产的型号更换成了三叶螺旋桨。

上图：在战争初期，白金汉宫上空的阻塞气球是为了吓走敌军的轰炸机，或者至少达到扰乱它们的目的。将它们与地面相连的是高强度绳索，这些绳索能够将机翼折成两段。

下图：紧急出发！这一场景很快就会为所有皇家空军的战斗飞行员所熟悉。在战役期间，这些"飓风"式战斗机的飞行员正跑向他们的飞机。

3

英吉利海峡空战：
7月1日—8月7日

不列颠战役是静悄悄地开始的，德国空军在战役开始的最初阶段只是发动零星的攻击行动，为的是探察英国的防空力量，袭击的主要目标是护航船队。这使战斗机指挥部处于一种两难的境地：如果它对袭击作出反应，那么势必将有所消耗；如果它袖手旁观，船只又将遭受损失。而且在1940年7月，很多人认为战斗机指挥部经受不起这种消耗，它不得不保存实力以应对一旦发生的大规模袭击。每天大约有12支护航船队穿越英吉利海峡，而这些船队中有差不多三分之一会遭到攻击。道丁指出这些船队运送的物资中有更多能够而且应该选择铁路运输，他还指出船队应该选择路线较长一些的苏格兰北部航道。然而，丘吉尔却很乐意将这些船队作为诱饵来使用，因为它们可以将德国空军的一部分注意力从英国的港口、海港通道和沿海目标上转移走。在英国，不列颠战役的开始时间经常被认定为7月10日，但是事实上这天和之前已经过去的一些日子并没有什么两样，而且到了那个时候，早就已经发生了超过12次由50架以上飞机实施的攻击行动，而皇家空军也已经损失了18架战斗机和13名飞行员。

在英吉利海峡的另一边，上校约翰内斯·芬克——位于阿拉斯的德国空军第2航空队的指挥官被任命为英吉利海峡战役的指挥官，他的任务是清理干净英国在多佛尔海峡的所有活动。他打算使用手中的3个Do-17联队以及2个Ju-87"斯图卡"联队，另外还有JG 26和JG 53这两个战斗机作战单位。要执行这样一次雄心勃勃的行动，他手上的这支部队规模显得太小了（很快部队的规模就会得到惊人的扩充），不过芬克知道应该怎样服从命令，并开始执行交给他的任务。他将自己的指挥部设在位于白鼻角的布莱里奥特塑像附近的一辆公共汽车里，为的是能够尽可能地靠近行动现场。

7月1日，德国空军攻击了东部沿海的两个港口——赫尔和威克，并且像往常一样攻击了船队。这次的目标是"巨人"，他们还执行了多项侦察任务。在这些行动的中他们被英国的战斗机和防空武器打下了11或12架飞机（第12架飞机的损失可能是由于引擎故障造成的），而英国方面只有一架皇家空军的"布伦海姆"飞机坠毁，那是飞行员受到当晚的探照灯的影响导致暂时失明而造成的。德军的这些损失对于皇家空军来说是好消息，可是当天也暴露出一些在将来会遇到的同样的问题。例如，9架皇家空军的战斗机在追赶了超过80.5

下图：一架第92"东印度"中队的超级航海公司的"喷火"式战斗机，这个中队从1940年5月9日开始参加行动。

下图：一艘为英吉利海峡船队提供护航的军舰正在制造烟幕，使敌人参与攻击的轰炸机飞行人员无法找到目标。对于空中和海面攻击来说烟幕都是一种非常有效的防御手段。

千米后才将一架落单的道尼尔Do-17Z击落，它们自始至终都在执行在很大程度上来说效果较差的"战斗区域攻击"。另一架Do-17在遭到3架"喷火"式战斗机的攻击后逃脱了。

在傍晚将至的时候，第32中队起飞，准备截击一次即将到来的袭击，然而9架"飓风"式战斗机要面对的竟然是由36架Bf-109E组成的强大机群，2架"飓风"被迫降落，好在在迫降的过程中2名飞行员都幸存了下来。1架Bf-109E被击落，而另1架由于战斗中的损伤在降落时坠毁了。那天德国空军还损失了1架He-111，但在文肯顿附近击落了3架第92中队的"喷火"式战斗机。

虽然是在夏季，多变的天气对于战役每一天的进程还是明显产生了巨大的影响。在经历了7月4日酷热的一天之后，7月5日的清晨云层非常厚，而且还起了薄雾。许多德国的作战单位笨拙

地进入天空，英国的雷达系统探测到它们，只有数量相当少的飞机真正飞越了英吉利海峡。6时30分，在多佛尔海峡上空一架单独的亨克尔He-111H遭到第65中队的9架"喷火"式战斗机的拦截，并被击落，而来自第64中队的由3架飞机组成的编队在加来上空执行夜间侦察任务时与敌机遭遇，战斗中一架"喷火"式

下图：一个道尼尔Do-17轰炸机飞行编队。KG 2的道尼尔轰炸机在著名的"鹰日"首先发动了对皇家空军机场的空袭行动。

上图：近距离护航飞行编队中的一架梅塞施密特Bf-109战斗机。在实际行动中，战斗机往往在轰炸机编队的前方。

战斗机被击落，另一架由于在交战时受损而在霍金奇迫降，第3架飞机安全返回位于坎雷的基地。这次任务是飞越海峡的战斗机执行侦察任务的前奏，然而它们的收获极少（飞行员们的任务过于繁忙，无法提供敌人地面部署的有价值的情报），而且会造成飞机的损失并混淆雷达照片。对于皇家空军的记录员来说走运的是第611中队早先在斯普恩岬上空对1架LG 1的Bf-109E造成了损伤，当这架飞机在里摩日坠毁后，整个过程被完

下图：集合！战斗机飞行员们跑向自己的飞机。

整地记录下来。

甚至在战役开始前，战斗机指挥部就已经开始为应对德国空军从法国的机场发动的进攻而做准备，指挥部建立了第10飞行大队，并在沃姆维尔建立了一个辅助机场。7月6日，道丁将第609中队从诺托尔特调往米德尔沃勒普，将第87中队从彻奇芬顿调往埃克塞特，而一个由"布伦海姆"夜间战斗机组成的作战单位——第236中队则调往托尼，为朴次茅斯和南安普顿提供夜间防御。由于英国南部的糟糕天气，绝大多数行动集中在北部地区。这天，皇家空军没有遭受战斗损失，却在北海上空击落1架执行侦察任务的Bf-110，就在阿伯丁东北偏东161千米的地方，而另外有1架执行侦察任务的Do-17P在瑞典迫降，飞行员随后被俘虏。尽管天气条件很差，德国空军还是发动了一些夜间袭击，炸弹落在阿尔德肖特、法恩伯拉、戈达尔明和海瑟米尔，导致62人死亡，并使4条铁路线暂时阻塞。所有这些在不列颠战役开始前就已经开始了，而计划中想要轰炸的军事目标并没有遭到损伤。

7月7日早晨，战斗机指挥部的战斗机击落3架Do-17P，它们正准备袭击一支向东航行的船队，战斗机指挥部共出动215架次飞机为这个船队护航，在穿越海峡的过程中始终都保持9架护航的战斗机。大量执行自由追击的Bf-109E颗粒

无收，只有一次使第54中队损失2架"喷火"式战斗机。这些飞机按照B字形位置排列飞行准备对1架单独的He-111采取区域战斗攻击，却发现它们遭到至少1个中队的Bf-109战斗机的攻击。

当船队处于与多佛尔海峡成直角的位置时遭到大约4个中队的Do-17的沉重打击（来自第2航空联队的45架轰炸机）。攻击使1艘船沉没，另外3艘受创，虽然雷达系统作出了出色的预警，但皇家空军的反应缓慢。当6架65中队的飞机从霍恩彻奇起飞并开始爬升时，遭到守候着的Bf-109的袭击，皇家空军损失了3名飞行员。其中1名幸存下来的飞行士官富兰克林追击1架Bf-109到达法国海岸线，最终将其击落，随后他径直向船队飞去，在那里他摧毁了另1架Bf-109。第64中队做得更好些，当他们回到法国海岸时遇到了道尼尔机群，并严重击伤2架参与袭击的敌机。

7月8日，双方又进一步展开了围绕船队的战斗，这些战斗使战斗机指挥部遭受了损失，第79中队的2架"飓风"式战斗机被击中着火，并最终坠毁，另一架610第中队的"喷火"式战斗机被击落，这3名飞行员全部阵亡。但是第610中队也部分挽回了损失，击落1架Bf-110并击伤1架道尼尔，来自第85中队的飞行士官"美国大兵"阿拉尔德（早就是指挥部下属的顶级飞行员之一）以及来自

上图：在飞行任务结束后，飞行员们必须完成作战报告。这份报告的作者是中队指挥官"海员"马伦，他后来成为皇家空军的一位王牌飞行员。

第41和第249中队的飞行员在约克郡击落了更多飞机。更为重要的是，战斗机指挥部感到很高兴，因为它已经能够逐渐控制由Bf-109执行的自由追击所造成的威胁。尽管飞机数量的差距悬殊得令人难以置信（一般都是以大队为单位来执行自由追击），但第54中队还是在多佛尔附近击落了2架Bf-109，而第74中队则击落了另一架，令人感到惋惜的是第65中队的指挥官库克驾驶的飞机被击落，

而他本人也阵亡了。

英吉利海峡战役的最初几天可以说令交战双方都感到高兴。皇家空军已经扎扎实实地为德国空军敲响了警钟，而且在保护船队的行动中取得了不少胜利。另一方面，德国空军的战斗机造成英国的战斗机指挥部相对来说不少的人员伤亡（那个时候看起来似乎特别是那样，尤其通过Bf-109E飞行员们申报的夸张的数字），而自己的伤亡则相对较少。事实上，皇家空军的战斗机在对德国战斗机的较量中基本保持平衡，而被战斗机指挥部击落的Ju-88、He-111以及道尼尔的数量以及阵亡的机组人员数量应该引起德国空军的注意。

7月9日云层的位置相当低，这天的行动在雨中开始，前一个晚上的袭击者之一在黎明时分遭遇了一架正在巡逻的第257中队的战斗机，敌机在返回敌方的

上图：德国空军使用亨克尔He-59水上飞机执行空中和水上救援任务。由于怀疑这些飞机被用来执行秘密任务，因此皇家空军下达了将它们击落的命令。

领地时，在安特卫普附近坠毁，一名机组人员阵亡。

当天第一次主要的交战发生在第151中队的6架"飓风"式战斗机（其中的1架飞机由北韦尔德基地的指挥官维克多·比米什上尉驾驶）准备拦截一支大约由100架敌军的战斗机和轰炸机组成的部队时，拦截在这支部队开始攻击一支

下图：1940年6月19日，在诺福克海边上的克雷上空，第23中队的1架"布伦海姆"夜间战斗机击落了KG 4的1架亨克尔He-111轰炸机。残骸一直留在水中直到1969年因为航道障碍而被摧毁。

德军的损失

德国在不列颠战役期间的整体损失情况让人弄不清楚。一些单位并没有通过正常的渠道来汇报它们的损失情况（特定侦察、天气侦察、布雷和空军海上救援单位

这种现象更普遍），而其他记录甚至已经随意地被丢弃了，主要是在1945年德国战败后的混乱中。结果德军的损失是战后根据德方的官方记录来确定的（也被我们使用），但这些数据中并没有包括一些通过找到飞机残骸和有时候甚至是生擒幸存机组人员来确认的被击落的飞机。因此才会出现战斗机指挥部取得的战绩可能比本书中列出的数据更好的情况。

船队时实施。行动中，一架"飓风"式战斗机被击落，一名飞行员安全跳伞，另一名飞行员则受了伤，最终这支小规模的部队成功地驱散了敌军的轰炸机，保护船只免遭损伤。除此之外，"飓风"式战斗机还击落了1架III./ZG 26的Bf-110，并宣称另外击落了2架Bf-109。在这之前III./ZG 26在福克斯通执行一次佯攻任务时已经损失了两架Bf-110，但是也击落了1架参与反击的"飓风"式战斗机，并打伤了飞行员——第43中队的指挥官洛特。当天下午稍晚些时候，德国空军又实施了一次攻击护航船队的行动，然而攻击机群却冲到由9架来自第65中队的"喷火"式战斗机组成的拦截队伍中，一架Bf-109被击落。糟糕的天气和其他部队的拦截使德军的袭击再次无功而返，1架亨克尔最终在第17中队的火

力中坠毁。将其击落的飞机在45米的距离上发射了2000发子弹，这也证明7.69毫米机枪的能力不足，另外也体现出战斗机指挥部的射击手的状态。

在遭受损失后，第2航空队派出许多He-59水上飞机执行搜索和救援任务。其中的一架遭遇第54中队，而被迫降落，这个中队也因为遇上护航的Bf-109而失去了2名飞行员。少校飞行员阿尔·狄利则驾机与1架Bf-109迎面相撞，随后他成功地滑翔并在曼斯顿迫降。

当天最后一次大规模袭击由I./StG 77的Ju-87发起，袭击的目标是波特兰。第609中队从附近的沃姆维尔起飞，进行拦截，并击毁其中的1架攻击飞机，在担任护航的Bf-109面前，第609中队自己也损失1架"喷火"式战斗机。到这天结束时，皇家空军已经损失7架飞机，德国空

左图：帝国元帅雨果·施佩勒，在不列颠战役期间他负责指挥第3航空队。施佩勒于1935年从陆军转调到空军，并在西班牙内战期间，短时间担任过"兀鹰"军团的指挥官。

军损失了10架飞机，其中只有6架是战斗机。对于德国空军来说，让他们担忧的是这一数字中包括4架令他们感到相当自负的Bf-110，那天是这种飞机首次在战斗中使用，结果证明即使对于皇家空军的"飓风"式战斗机来说，它们也是容易攻击的目标。

不列颠战役于7月10日正式开始，这天皇家空军只损失2架飞机（4架飞机被击损），对于已经过去的许多个日日夜夜来说，战斗机指挥部经历了相对较为平静的一天。这天战斗机指挥部击落9架敌机（在战斗中还使5架敌机严重受损），这也是相对而言较为成功的一天。但同时，一些中队已经开始显示出疲劳，例如第54中队已经被削弱到只剩下8架作战飞机（从12架）和13名飞行员（从18名），而第79中队的飞行员也已经处于极差的状态，他们接到命令前往

北部进行休整。历史学家弗朗西斯·梅森说他们已经"到达身体和精神双方面的疲劳极限，使他们对于防御的价值降低到最低限度，而他们自己也明显表现出危险的状态"。不走运的是，第79中队在前线的位置被第141中队的"无畏"式飞机取代，结果它们没有取得任何成绩。

7月10日这天以浓密的云层和雷雨天气开始，在英国近海的水域中有8支护航船队在航行。它们中规模最大的是"面包"，船队借着早潮从泰晤士河口出发，10点过后船队绕过北岬角。大约1小时45分钟后，6架第74中队的"喷火"

下图：一架第504"奥斯特郡"中队的阿弗洛"安森"飞机正在为船队执行护航任务，这个中队隶属于皇家空军海岸指挥部。在不列颠战役的早期阶段，船队是德国空军袭击的主要目标。

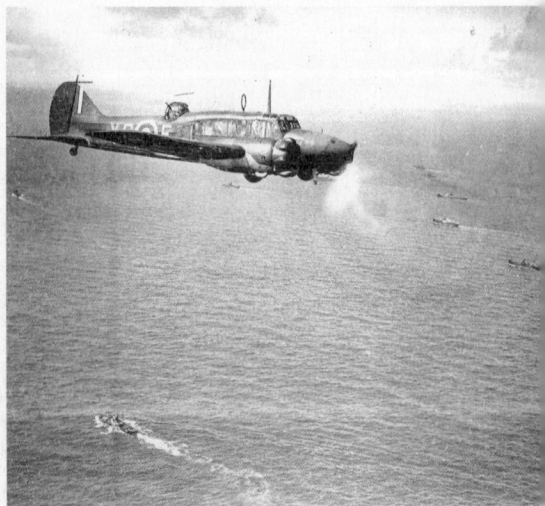

上图：在多佛尔的悬崖上空飞行的梅塞施密特Bf-110战斗机。在不列颠战役期间，一些Bf-110装载炸弹袭击精确目标，不过在执行这种任务时，它们非常容易遭到攻击。

式战斗机拦截了1架单独执行侦察任务的Do-17P以及护航的整个大队——JG 51的Bf-109E战斗机。护航飞机的工作完成得很出色，它们阻止了多数飞机发起的攻击。道尼尔踉跄着返回基地（机组人员有死有伤），交战中2架"喷火"式战斗机不得不迫降在曼斯顿。德国空军实施自由追击，飞越肯特山追上了第610中队，中队的1架"喷火"式战斗机被击落。

执行侦察任务的Do-17返回后，德国空军开始制定一次当天主要的袭击行动的计划。袭击开始时，虽然船队上方有第32中队的6架"飓风"式战斗机护航，但它们还是发出增援的请求。于是I./KG 2的26架Do-17Z以及担任护航的5

个中队的Bf-110和Bf-109遇到了7架来自56中队的"飓风"式战斗机、9架来自第111中队以及8架来自第74中队的"喷火"式战斗机的拦截，当然还有原先就在执行护航任务的6架"飓风"式战斗机。面对60架敌军的战斗机，皇家空军有30架战斗机，这次交战双方数量上的差距相对于其他场合已经显得较为平衡，一场大规模的混战开始了。第32中队和第111中队的飞机排成一排迎面向敌机机群冲去，由此拉开了战斗的帷幕。混战严重干扰了敌方轰炸机瞄准员的工作，使他们没有足够的时间进行瞄准，结果匆忙投放的150枚炸弹只击中1艘船。德国人的士气并没有跌落，当他们返回基地时，瞄准员欢欣鼓舞地称击沉4艘商船以及1艘重型巡洋舰，另外还击落11架皇家空军的战斗机！在战斗结束前，第64中队的"喷火"式战斗机也加入战团，它们在法国沿岸袭击了正在返航途中的Bf-110，将其中1架严重击损。其他参与战斗的皇家空军战斗机击落了3架敌机并严重击损1架，而自己则没有遭受任何损失，这将当天的记录改写成摧毁9架敌方飞机。

第3航空队的63架Ju-88对福尔茅斯和斯旺西发动了大规模袭击，袭击逃过了皇家空军的拦截，对德国人来说遗憾的是，这次袭击造成的破坏非常小。位于佩姆布雷的第92中队起飞过晚，来不

编队和战术

在战争开始前，皇家空军的战斗机在执行任务时一般采用3架飞机排成"V"形编队（"V"字飞行队）的模式，编队的指挥官位于2架僚机的前方。"V"字飞行队的指挥官负责警戒，而他的僚机（靠得非常近）则集中精力保持队形。如果一个中队一起出动，那么在飞行时会构成4个首尾相连的"V"字飞行队，这种编队形式使部队很容易控制，而且飞行操控也很方便。这种编队模式的缺点是只有一双眼睛用来搜索敌人，其他每个人都将注意力放在保持编队的队形上。

在西班牙，"兀鹰"军团的飞行员们发展出一种更宽松的4架飞机排成一列的方式，每架飞机都是独立的，每位飞行员都能够保护前一架飞机的后方。在法国上空进行的战斗很快就显示出皇家空军标准的编队模式并不理想。从战争初期开始，中队就在飞行时让最后面的一个"V"字飞行队处于位置稍高一些的地方，这是一种改进，却使最后这个编队变得更加容易遭到攻击。

到不列颠战役时，过去大编队严格执行的"战斗区域攻击"模式已经失去了部队的信任，过去有其存在理由的、排列紧密的、容易控制的中队编队模式也开始消失，因为具有弹性的战术不断发展出来。到7月时，许多中队在试验新的编队方式。第54中队在7月8日的成功例子很有趣，这个中队由于作战已经处于极度疲劳状态（和第79中队一样），沉重的损失使这个中队只能交替使用2个"V"字飞行队和3对飞机的标准战术模式。采用德国式的"四指"型编队很难，英国部队对这种模式缺乏信心，由彼得·德维特指挥的第152中队在7月中旬的时候开始使用3对（有时候采用"四指"）模式。在第74中队，"海员"马伦保留了3架飞机的"V"字飞行队模式，但他对这种模式进行了改动，他让3个编队指挥官采用"V"字飞行队模式，然后在每架飞机的后面跟着3架排成一列的飞机，当这个编队拆开时，则排成3列，每列4架飞机。

当然，皇家空军也"偷窃"了德国空军的编队方式，并称它为"四指"，因为这种编队在飞行时像是人类伸展开的四根手指。

及对德国的空袭部队实施拦截。然而德国的空袭机群却遭到飞行指挥官埃拉·琼斯的攻击，他是一名参加过第一次世界大战的老兵，后来他作为飞行指挥官继续服役。他驾驶着一架没有搭载武器的霍克"亨利"飞机起飞，并用费瑞信号手枪向一架Ju-88发射信号弹，其"情感效果远大于实际功效"。

7月10日这天的行动结束时,大约有20架敌军的轰炸机在英国南部上空徘徊,瞄准任何灯火管制中的"裂缝"投弹,但只是毫无目的性的,也是收效甚微的,没有任何具有实际意义的效果,反而只能在英国进一步激起反德情绪。希特勒还在进行他最后的"劝说"工作,却并没有意识到此时此刻英国的平民已经成为空袭的目标。

7月11日,糟糕的天气依旧在延续,不过德国空军仍旧保持了惊人的行动频率。空军执行了许多侦察任务,结果损失2架Do-17P,其中1架是被失去双腿的王牌飞行员道格拉斯·贝德尔击落的,他最近刚被任命为第242中队的指挥官。第3架Do-17P遭到中队指挥官彼得·唐森的袭击,德国飞机精确地进行回击并打掉了唐森的飞机引擎,使他不得不跳伞。像唐森这样的王牌飞行员却被Do-17击落,清楚地证明这些飞机对于攻击者来说确实是一个挑战,而且交战的结果远不是事先就可以预料的。幸运的是,唐森在水中待了20分钟后,就被海军派出的船只搭救起来。这样的救援也并不是十拿九稳的,数量大得令人难以置信的落水的机组人员在离海岸很近的地方溺水或暴露在德军的火力下,最终遗憾地死去,这是由于英国空军缺乏海上救援组织造成的。就在同一天,510中队的飞行士官F.J.P.狄克逊在成功跳伞后,却在波特兰溺水身亡。

7月11日是一个充满意料之外的结果的日子。7时整,施佩勒派出10架Ju-87攻击一个船队,这些轰炸机炸沉武装船"战士"号,而它们的护航飞机(与第609中队的飞机的数量比是10比1)则击落2架"喷火"式战斗机。停在水面上的2架He-59水上飞机促使海军从普利茅斯派出2艘驱逐舰,并由3架"布伦海姆"护航。然而驱逐舰却遭到1架Ju-88的攻击,好在"布伦海姆"及时予以回击,并将轰炸机击落,随后它们还追击一架He-111,并将其击落。2架He-59中,有1架被击中,机组人员被另一架He-59搭救起来,并在皇家海军赶到前起飞。另一支由24架"斯图卡"轰炸机组成的空袭部队出发,前往波特

下图:在不列颠战役期间,有两个日间战斗机中队装备了"无畏"式战斗机,分别是第141和第264中队。它唯一的武器是安装在一个炮塔内的4挺7.7毫米机枪。在不列颠战役期间,这两个中队的作战损失非常高。

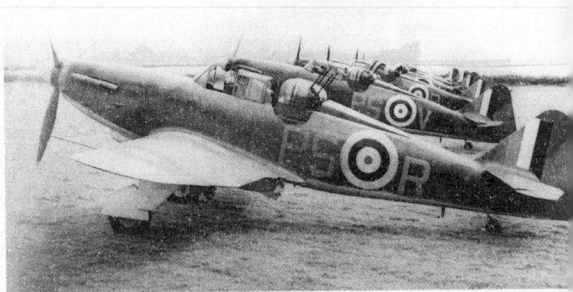

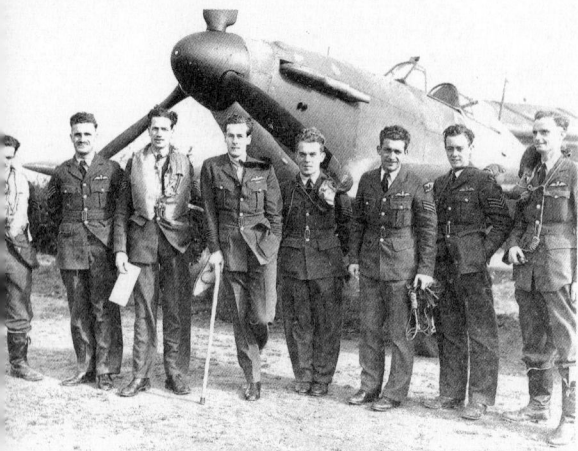

上图：第85中队的飞行员们和他们的中队指挥官彼得·唐森（拄着拐杖的这位）。不久之后，这个中队就会开始执行夜间战斗任务。

兰，有40架Bf-110为它们护航。攻击机群到达目的地的时候，驻扎在沃姆维尔的皇家空军的飞机正在添加燃料，6架第601中队的"飓风"式战斗机在坦米尔集结并前往支援，可是它们到达得太晚，没能阻止德军的轰炸行动。但它们发现德国空军的Ju-87依然在低空逗留，而且

护航飞机部署的位置过高，无法阻止皇家空军发起的第一轮致命的进攻。3架Ju-87被击落，2架损伤严重，同时还有2架Bf-110被击落。第601中队返回坦米尔时没有损失一架飞机。在一整天的交战过程中皇家空军共损失6架战斗机，而德国空军的损失则高得惊人，有15架飞机被击落，其中还包括4架Bf-110。

第601中队的两个编队双双起飞，准备拦截德军在当天发动的一次重要空袭，德军在这次空袭中派出12架He-111和相似数量的Bf-110。结果两支部队在普茨茅斯上空相遇，当亨克尔投下炸弹后，一场空战开始了。普茨茅斯防空部队的射击手也加入战斗，结果他们打下了1架"飓风"式战斗机（飞行员弃机跳伞，他被轻度烧伤，而且还被流弹击

下图：第111队中的霍克"飓风"式战斗机。1938年1月，它是第一个开始装备这种飞机的作战单位。在不列颠战役期间的多数时间这个中队都驻扎在克罗伊登，参加了许多激烈的空战。

伯尔顿–保罗"无畏"式

"无畏"式于1937年8月11日进行首次试飞，12月，在马尔特山米斯测到515千米／每小时的飞行速度。甚至在首飞之前伯尔顿–保罗就已经得到一份首批生产87架P-82的合同，官方为这种飞机正式定名为"无畏"式。在不列颠战役期间有2个"无畏"式战斗机中队参加了不列颠战役。

技术参数

乘　　员：2名
最高时速：504千米／小时
最大航程：748千米
武　　器：4挺7.7毫米口径机枪
产　　地：英国

中）。战斗中1架亨克尔被击伤，另1架被迫转向，结果撞上了自己的僚机，2架飞机全部坠毁。另外还有1架Bf-110被击中，并在莱明顿坠毁。机组人员中有1人被俘虏，然而这架飞机并没有在德国空军的损失清单上出现。

在持续了一夜的大规模空袭之后，7月12日这天又出现了低矮的云层和降雨天气。有趣的是，德国轰炸机当晚飞越了一座位于坎伯威尔的灯火通明的建筑却没有对其实施轰炸，这其实是由于飞行员严格遵守不能轰炸伦敦的命令的结果。德国空军在这天发动的主要是目的性不明确的空袭以及由小规模的编队实施的袭击行动，其中有好几次行动被皇家空军侦测到并遭到拦截。当天德国空

军发动的主要的空袭之一是袭击护航船队"战利品"，II./KG 2的两个Do-17Z中队和III./KG 53的两个中队参与了袭击行动。空袭遭到第17、第85和第151中队的

右图：安装在1架梅塞施密特Bf-110机头的MG 17机枪。

容克Ju-88

容克Ju-88是第二次世界大战期间杰出的机型之一，尽管最初设计是用来作为一种专门的高速日间轰炸机，后来德军开始意识到它近乎神奇的全面的能力。这是这种飞机出色表现的直接结果，而使它们性能出众的原因是技术上的革新。当最初的负责人（反纳粹的）容克博士被取代后，他的继任者海因里希·考芬格格聘请来一些美国工程师，帮助他的小组为一架真正的先进的轰炸机打下基础。在开发的过程中，俯冲制动器被安装在每个机翼的下方，这是采用了其他轰炸机在西班牙和波兰的作战中获得的经验的结果，轰炸机在执行俯冲轰炸时体现出明显提高了的精确度。在德国空军内部，俯冲轰炸机非常受欢迎。

1936年12月21日，Ju-88的样机进行了首次试飞，很快证明它拥有巨大的潜力。1939年3月，第5架样机创下了以517千米/小时的速度进行周长1000千米回旋飞行的纪录，同时还携带了2000千克负重。这种飞机最初生产出来的型号是Ju-88A-1，从第二次世界大战爆发时开始服役，并在1939年9月底执行了第一次飞行任务，不过参加波兰战役的时间已经太晚了。

Ju-88的空机重量比道尼尔Do-17和亨克尔He-111都要重，好在它从一开始就安装了1200马力的久茂211B-1型引擎，而且飞机框架的线条非常干净，很符合空气动力学原理。Ju-88可以在机舱内搭载2850千克炸弹，另外还能搭载500千克炸弹或在两侧

机翼下方各搭载250千克炸弹。防御武器包括1挺由飞行员操作的固定式向前射击的机枪，2挺类似的通过有限的射击孔向后射击的机枪以及1挺在机舱顶部和另1挺在机身下方吊舱里的机枪。很快又有1挺机枪增加到机舱的顶部，最终侧翼又增加了2挺机枪。然而即便是拥有所有这些武器，这种飞机在抵御盟军的战斗机时依然显得能力不足，这一点在实战中得到了验证。一个人（早就已经是超负荷工作的飞行工程师）不得不操作4挺机枪，从理论上来说，当一架敌方的战斗机闪电般掠过时，他要忙碌地一挺接一挺地操作机枪。无须多言就可以发现这是一件难以实现的事，而多余的机枪只会增加重量和成本。一挺拥有更好一些射击角度的机枪放置在炮塔内会毫无疑问地达到更好的效果。

在法国进行的战役期间，Ju-88装备了一个拥有3个大队的联队，并在其他联队中有4个大队装备这种飞机。到"鹰日"时，德国空军已经拥有13个Ju-88大队，它们能够在不列颠战役中扮演具有决定性作用的角色，最闪光的时刻包括8月12日由63架Ju-88对朴次茅斯实施的大规模空袭。Ju-88无疑是德国空军在不列颠战役期间使用的轰炸机中最出色的一种，它的消耗比例也相对比He-111和Do-17低。当然，这种飞机对于单人座战斗机来说还是很容易攻击

技术参数

乘　　员：4人
最高时速：470千米／小时
最大航程：2730千米
武　　器：7挺7.92米口径机枪
产　　地：德国

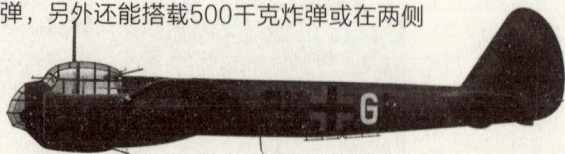

的目标，但是有大量记录记载着Ju-88通过高速俯冲来逃脱追赶者的攻击。

Ju-88最初的机型Ju-88A-1是德国空军轰炸机联队在不列颠战役期间的骨干，但它有可能会发生很多问题，有些相对较小，而有些则比较严重。这导致一些难以避免的速度和操控方面的限制。这些问题并没有在后来的Ju-88A-4上出现，开始装配在这种机型上的1350马力久茂211J引擎出现的问题却让这种飞机在不列颠战役结束后才部署到前线部队，与之相对应的专门用来执行侦察任务的Ju-88D-1也遇到了同样的情况。一款过渡时期的"改进型Ju-88"在"鹰日"及时地部署到了德国空军。这就是Ju-88A-5（Ju-88D-1执行侦察任务），飞机整体加长，并采用内置金属表层副翼来加强机翼，载弹量也大大提高。这是德国空军第一次没有对Ju-88人为地设置许多限制，Ju-88A-5的表现非常出色。最后一款加入不列颠战役的机型是最初的侦察机Ju-88D-0，有许多这种类型的飞机从挪威起飞执行任务。在不列颠战役后，Ju-88变得越来越强大并发展出许多令人眼花缭乱的附属机型，容克成功地使这个系列的飞机能够完成第二次世界大战期间可以想象到的一架飞机能够执行的所有任务。接下来的Ju-88C系列是有效的重型战斗机，坚固的机头安装3挺MG 17机枪和1门20毫米口径MG FF航炮。2挺额外的MG 15机枪作为增强防御力的武器被安装在机身上。Ju-88C-6和C7是该系列中的夜间战斗机型号，经证明在执行这种任务时是非常有用的机型。Ju-88R也是夜间战斗机，采用能力更出色的宝马801MA引擎，战争进行到这个阶段使用这种引擎已经不再是什么困难的事。

Ju-88D是在Ju-88A-4的基础上发展出来的远程侦察机系列。Ju-88G系列是标准的夜间战斗机，到了战斗进行到较晚的阶段才装备部队。它使用航空雷达并配备火力强大的武器，Ju-88G极其强大，在德国上空对皇家空军的轰炸机构成极大威胁，尤其是它还能够得到雷达和其他夜间战斗机控制系统的支援。Ju-88H紧跟着Ju-88G进入服役的序列，这种型号的机身加长，使飞机的载油能力加强。Ju-88H-1侦察机和Ju-88H-2战斗机因此大大提高了航程。

到了战争的后期，苏联的坦克部队已经压倒德国的坦克部队，作为阻挡苏联部队推进的手段之一，从Ju-88A-4基础上衍生出来的Ju-88P，专门用来打击坦克。Ju-88P-1采用1门75毫米口径PAK40火炮，而从Ju-88P-2到P-4则采用其他类型的反坦克武器。

随着战争进行到后期，盟军战斗机的能力越来越强，德国的损失开始上升，Ju-88系列的最后几种型号被生产出来，试图缩小这种差距。Ju-88S是一种表现出色的轰炸机，同时生产的还有Ju-88T，这是一种类似的更新过的拍照侦察机。

Ju-88在第二次世界大战结束前不久停止生产，这种飞机共出产15000架，更加突出它在整个大战期间对于德国空军的重要性。在战争结束后重新组建的法国空军里，这种飞机甚至也被有限地使用，而且在法国的生产厂商制造出下一代轰炸机前作为过渡机型被使用。如果在不列颠战役期间德国空军装备了更多的Ju-88，或许无法改变德国的局势，但英国一定会遭受更大损失。

上图：20世纪30年代，当"布伦海姆"MKⅠ型轻型轰炸机首次面世时，它的速度超越了同时期的多数飞机，但很快就被新的机型超过。在不列颠战役期间，它被作为一种过渡机型来使用。

拦截。3个中队都取得了不错的战绩，尽管皇家空军自己也损失了2架飞机（包括它们的飞行员在内）。到这天的战斗结束时，战斗机指挥部已经损失了3架"飓风"式战斗机，但也摧毁8架敌人的战斗机，其中有5架是He-111。这5架He-111中有1架被3名来自第74中队的飞行员——马兰、莫尔德和施蒂芬森——共同击落。

7月13日，不列颠战役进行的方式并没有什么改变，侦察飞机会单独地执行任务，而大规模袭击护航船队的行动依然在继续，这些行动考验着英国的防御体系，其中有一个船队由于到达预定地点的时间晚了，结果将护航部队和攻击者都弄糊涂了。一场空战不可避免地开始了，但船队并没有遭到攻击，继续

安全地航行。这天也标志着第一突击联队的首次行动，这是一支由俯冲式轰炸机、轰炸机和重型战斗机混编而成的部队，驾驶这些飞机的是经验丰富的过去的教官和试飞员，这支部队还作为评估单位使用。这天也是第54中队的新西兰人柯林·格雷首次执行任务，他击落了1架正在逃逸的JG 51的Bf-109，后来成为第一个击落14架敌机的皇家空军飞行员。在这天的战斗中，战斗机指挥部击落5架敌机（另1架被地面的防空炮火击落），而自己则在战斗中损失3架飞机，在战斗结束后，另1架"飓风"式战斗机由于着陆时发生的致命的事故而坠毁。

虽然已经有好几架He-59水上飞机被战斗机指挥部的飞机击落（尽管它们带着红十字标志），但是直到7月14日，所有飞行员才接到可以击落这种飞机的

下图：KG 30的容克Ju-88飞机。1940年8月5日，在对英格兰东北部沿海地区实施袭击时被击落。KG 30部署在丹麦的阿尔堡。

命令，因为这些飞机被怀疑用来执行"与红十字飞机享有的特权不相符的"任务。非常糟糕的天气给予护航船队有效的保护，德国空军只执行了数量很少的行动。这天最主要的一次攻击由3个"斯图卡"俯冲式轰炸机中队执行，大约30架Bf-109E担任护航。16架来自第515和第615中队的"飓风"式战斗机对这支空袭部队进行了拦截，参与此次拦截行动的还有第610中队的12架"喷火"式战斗机。在空战过程中，1架"飓风"式战斗机被击落，德国空军则失去1架Ju-87和1架Bf-109战斗机。

低矮的云层在7月15日又一次制约了双方空军的行动。第56中队没能击中袭击一支护航船队的15架Do-17Z中的任何一架，但由于这些Do-17Z在距离地面只有61米高的云层下方飞行，它们对于目标实施轰炸时的精确度也很低。由LG1执行的袭击维斯特兰德的行动同样没有取得成功，战斗机指挥部在当天的战斗中击落一架Ju-88A和一架He-111H，而自己则损失一架"飓风"式战斗机，它可能是在达特茅斯附近被本方的防空炮火击落的，幸运的是飞行员活了下来。

右图：1940年9月7日，德国空军的轰炸机飞行员们正在听取对伦敦实施大规模轰炸的指示。德国空军决定将主要的空袭目标从英国皇家空军的机场改为伦敦是一个致命的失误。

上图：皇家空军的一个中队的飞行员和客人们正在庆祝一次重大胜利。尽管9月15日被定为不列颠战役日，不过德国空军的重大损失——75架飞机被击落——发生在8月15日。

7月16日，希特勒发布了他的第16号元首令，宣布他决定"准备并且如果有必要实施"一次入侵行动，目的是消灭作为发动对德战争的基地的英国。将

上图：1架容克Ju-87俯冲式轰炸机正在投弹。当"斯图卡"全力以赴地进行俯冲时非常容易遭到战斗机的攻击。1940年8月18日，在英格兰上空的战斗中有20架"斯图卡"被击落。

皇家海军和沿海防御系统作为优先袭击目标的想法又一次被提出。此外，一场大规模水雷战在福斯湾、亨伯尔湾和泰晤士河的河口展开。目标清单上列出的打击对象很快就被证实要么是已经过期的，要么是情报调查有误。3个面对英国的航空队确定了各自的行动区域，第5航空队负责北线从亨伯尔到卡莱尔的地区；第3航空队负责西线从怀特岛东部到卡莱尔的地区；第2航空队则负责这个国家剩下的区域。从部署的角度来看7月16日是一个大日子，但恶劣的天气使这一天变得相对平静，战斗机指挥部没有遭受任何战斗损失（或非战斗损失），皇

家空军的中尉飞行员W.H.罗德斯·摩尔豪斯（第一次世界大战时期维多利亚十字勋章获得者的儿子）成功地击落了1架KG 54的Ju-88A。

7月17日持续的糟糕天气又一次使双方都无法发动高强度的行动。当天最大的袭击行动之一由KG 26发起，它以挪威为基地，派出6架He-111执行这次袭击任务，它们攻击了位于阿尔狄尔和埃尔郡境内的英国化学工业公司的工厂。1架战斗机在返航时被第603中队的"喷火"式战斗机击落。皇家空军的另一项战果由第92中队取得，大约在19时25分，该中队的战斗机在布里斯托尔附近击落一架KG 51的Ju-88A。战斗机指挥部自己也损失2架飞机，第603中队的1架"喷火"式战斗机在巡逻的过程中失踪，而第64中队的1架飞机被执行自由追

下图：前往英格兰的一个亨克尔He-111轰炸机编队。亨克尔配备了一个专门的"探路者"大队——KGR 100，它的任务是为夜间袭击英国的部队领航。

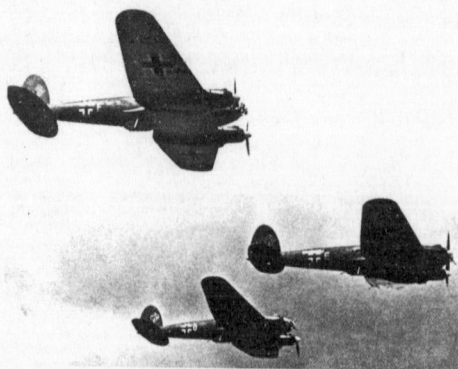

第一批"鹰"

在美国加入战争前，少数美国公民决定他们将参战。有些人是出于憎恨纳粹主义，而另一些人仅仅是希望冒险。他们中的一些人通过加拿大前往英国，另一些则直接从美国出发。这些人中有的早就已经是经验丰富的飞行员，而另一些则是新手。最终战斗机指挥部拥有3个由美国志愿者组成的"鹰"中队，不过在不列颠战役期间，战斗机指挥部下属的部队里只有7名美国飞行员，而且有6个人将生命献给了英国，他们穿着皇家空军的制服作战。7个人里第一个到达前线的是少尉飞行员W.M.L.弗斯奇（"棍棒"），他在7月15日加入了位于坦米尔的第601中队。弗斯奇驾驶的飞机在8月16日被击落，尽管如此他还是让飞机在坦米尔降落了，不幸的是坦米尔正在遭到攻击，弗斯奇的飞机被击中并起火。地勤人员将他从飞机中救出，但由于伤势过重，弗斯奇在第二天也就是1940年8月17日去世。虽然7名美国飞行员取得的战绩仅仅是与战友合作击落3架敌机，但他们做出的贡献远比击落这些敌机大得多。他们都是自己所在中队里受欢迎的人，对于提高部队士气的贡献是不可估量的，而且他们还为后来跟随他们进入皇家空军的美国公民竖立了良好的榜样。除了弗斯奇，在皇家空军中服役的美国飞行员还有少尉A.G.多纳休，他在第64中队服役；少尉J.K.哈维兰德（7个人中唯一活下来的），在第151中队服役；少尉V.C.卡奥（"矮子"）、安迪·梅姆多夫和E.Q.托宾（"雷德"），在第609中队效力；少尉飞行员P.H.莱克罗恩在第616中队服役。

击行动的Bf-109E击落，它们还在海滨岬附近袭击了第64中队，而且在幸存下来的"喷火"式战斗机回过神来之前，Bf-109E就消失了。

虽然7月18日的天气并不比前一天好多少，但空军的行动显然活跃了许多，皇家空军的损失惨重。事实上，皇家空军这天的损失比德国空军还要沉重，只不过夸张的对外宣传使当时极少有人意识到真实情况。3架"喷火"式战斗机被击落（其中2架被Ju-88击落），还有3架"布伦海姆"没有能够返回。而德国在这天的战斗中总共只损失5架飞机。第5航空队在这一天特别忙碌，它发

上图：梅塞施密特Bf-109战斗机展现出它的线条。在不列颠战役期间，这种战斗机一直在进行修改工作，飞机变得更重，但操控性变差。尽管如此，它依然是一种令人生畏的飞机。

动了很多小规模袭击。凯塞林的第2航空队发动了更多具有想象力的攻击行动。而且他终于意识到英国在使用雷达探测他的飞机，甚至当这些飞机正在为攻击而在法国上空进行编队时，探测就已经开始了。因此，他故意集合部队发动一次针对一支船队的袭击行动，当第610中队从靠近目标的云层中浮现出来时，吃惊地发现，攻击部队中只有Bf-109E，于是针对英国部队展开的袭击开始了，1架"喷火"式战斗机被击落。

阿道夫·希特勒在7月19日发表了他著名的"谈判呼吁"，真诚地希望英国能够接受"光荣的和平"。在他的演讲中，他说："如果这种抗争继续下去，那么唯一的结果就是我们中的一方被消灭。丘吉尔先生认为是德国，而我知道那将是英国。我并不是作为被征服者在乞求获得宽恕。我是作为一个胜利者在发出理智的呼吁。我找不到任何有必要让这场战争继续进行下去的理由。我们应该避免必然会出现的数百万人的牺牲。"他借此机会提升戈林成为唯一的帝国元帅——一个新设的职位。

这一天也是第141中队的"无畏"式飞机首次参加战斗的日子，它们在一个星期之前刚刚抵达英国的南部。9架"无畏"式飞机遭到来自II./JG 2的24架Bf-109E的攻击。4架"无畏"式立即被击落，机组人员中只有一名飞行员生还，但他也受了伤，跳伞落到了海上。片刻之后，另一架"无畏"式被击落，虽然射击手成功跳伞，却溺水身亡。在幸存下来的飞机中，有一架在着陆前失

下图：一名德国空军Ju-87"斯图卡"的飞行员正在将一挺7.9毫米MG 15递给他的射击手。这种弱小的防御武器相对于皇家空军配备了8挺机枪的飞机来说几乎是毫无用处。

去引擎，坠毁了。射击手成功跳伞，飞行员在飞机坠毁时也活了下来。另一架飞机由于损伤过于严重，着陆以后就报废了。在着陆之前，这架飞机的射击手遵照飞行员的命令跳了伞，但再也没有人见到过他。要不是第111中队的"飓风"式战斗机加入战斗的话，或许整支部队都会被敌人歼灭。

除了失去7架"无畏"式战斗机，战斗机指挥部还损失了5架"飓风"式战斗机，而交战中德国空军只损失4架

下图：地勤人员正在为1架"喷火"式战斗机进行下一次飞行做准备。每架飞机配备3名地勤人员，分别是1名机械工、1名装配工和1名军械师——这些无名英雄们在不列颠战役期间做出了巨大的贡献。

上图：正在执行任务的1架亨克尔He-111的前射击手。这对于攻击过程中飞过目标的战斗机来说是一种极大的威胁，战斗机因此而蒙受了不少损失。

飞机。这次战斗机指挥部自己都只对外宣称击落13架敌机，这表示他们只取得了非常小的胜利。即便是在当时，无论怎样看待，7月19日都像是一个黑色的日子。

幸运的是，就在皇家空军需要一场胜利的时候，7月20日这天就为他们带来了胜利，而且取得这次胜利所付出的代价相当小。皇家空军击落14架敌机，其中包括5架致命的、极度危险的Bf-109E。这些被击落的飞机是50架敌军战斗机组成的机群中的一部分，这支部队当时正在护送"斯图卡"俯冲式轰炸机，准备袭击一支护航船队，24架皇家空军的战斗机出发，拦截这支部队。虽然在飞机的数量上存在差距，但是在这次战斗中只有2架皇家空军的战斗机被击落，而他们总共击落5架Bf-109和1架Ju-

87，另外还击伤5架"斯图卡"轰炸机。整整一天当中，皇家空军有2架"喷火"式战斗机被击落，另外还有4架"飓风"式战斗机和1架"布伦海姆"夜间战斗机被击落。在这些被击落的飞机中，有1名飞行员幸存下来，而2名飞行员在成功跳伞之后却溺水身亡。

从前几天的经验来看，7月21日是一个相对比较平静的日子。战斗机指挥部为船队提供了强大的护航机群。下午开始的雷暴雨没有为战斗机指挥部带来任何帮助，反而还造成气球指挥部相当大的损失，在这天仅仅30分钟时间里，这个指挥部下属的一个支队就损失了6只气球。战斗机指挥部在战斗中损失了1架"飓风"式战斗机，另外还有2架受损，

上图：道格拉斯·贝德尔尽管在战争爆发前的一次飞行事故中失去了双腿，但在1941年在法国上空被击落并被俘前他共击落22架德军飞机。

不过他们击落了6架敌机。戈林将米尔希和他的3位航空队指挥官召集到卡林霍尔，在那里他对空中战役作出指示，明确了战役的目的是为希特勒实施登陆英国的行动而铺平道路，同时他再次强调必须利用水雷攻击皇家海军并封锁海军的港口（包括普利茅斯、波特兰、朴次茅斯和多佛尔），这样可以防止皇家海军干预德国的登陆船队。

对于希特勒在7月19日发出的呼吁，英国政府终于在7月22日外交部部长哈利法克斯的一次演说中作出回应。这是一次非常著名的演说，它深刻地总结了战争进行到这个阶段，这个国家的大部分人所持有的对于希特勒的普遍态度。

"你们中的许多人应该已经听到了希特勒在两天前做的演说，他要求大不列颠按照他的意志屈服。我不想浪费

下图：幸运的一对。一名飞行员和他最好的朋友正在观察他驾驶的"飓风"式战斗机被炮弹爆炸而击中的尾部。全金属的"喷火"式战斗机是不会遭受类似的损伤的。

你们的时间在这里细说从战争开始之日起，他所做的每一件主要的歪曲事实的事情。他说他并没有要摧毁大英帝国的打算，但是在他的演说中，没有任何和平必须建立在平等的基础上的表示，没有任何言词承认任何欧洲其他的国家有任何自主的权力，而这条原则他却常常用在德国身上。他的呼吁是源自于内心的恐惧，而他唯一的一点论据就是威胁。现在希特勒的企图已经非常明确，他正在准备将德国全部的力量都用来打击我们这个国家。这也正是为什么在英国的每个地方都只有一种精神和一种不可能被征服的决心。现在已经没有任何一个人会怀疑希特勒在取得胜利后是否

意味着终结，为了我们和其他人，为了所有让生命持续下去的事物，虽然我们意识到这种抗争可能会让我们付出所有，但我们守卫的东西值得让我们奉献出一切，能够作为如此珍贵的东西的守卫者，是一种崇高的荣誉。我们从来不希望发生战争，这里当然没有一个人希望战争会不必要地多持续一天。但我们必须不停地战斗，直到我们的和其他人的自由能够得到安全的保障为止。"

戈林在卡林霍尔的会议于7月21日结束。7月22日，敌军在白天的飞行活动明显减少。KG 30的一架Ju-88将炸弹投在了利斯的一座公墓上，具有讽刺意味的是，炸弹炸毁了第一次世界大战期

下图：一架亨克尔正在接近它的目标。He-111是一种非常可靠的飞机，也是一种稳定的轰炸平台。到战争临近结束时，它还被用来在空中发射V-1导弹，袭击英国。

上图："海员"马伦，他之所以有这么个绰号是因为他在成为一名飞行员以前曾经在海军的贸易部工作。

间阵亡的德国飞行人员的墓碑。此外，在希尔塞比尔，白天的光线非常强烈，3架第145中队的"飓风"式战斗机击落了1架正在巡游的Do-17。夜幕降临后，德国空军至少进行了100架次的飞行。这个夜晚确实见证了一起具有历史意义的事件——中尉飞行员格雷恩·阿什菲尔德在军士雷吉纳德·雷兰德和新型的AI MK III雷达系统的目标指引下摧毁了1架Do-17，而且就发生在FIU的指挥官乔治·张伯伦通过雷达系统搭建的通路与敌方飞机进行直接对话之后。

第二天皇家空军执行了许多几乎持续不断的船队护航巡逻任务，不过船队并没有遭到攻击，战斗机指挥部的下属部队只是击落了2架执行侦察任务的德军飞机。在7月21日已经将第141中队撤往普莱斯维克后，道丁继续将处于疲劳状态的部队撤离前线。第43中队（在3个星期里已经损失了6名飞行员）从坦米尔撤往诺托尔特，它在前线的位置被第1中队取代，而第247中队则从瑟恩布斯撒往埃克塞特（后来又前往洛布鲁夫）为普利茅斯提供了战斗机防御力量。第247中队配备了"斗士"双翼飞机，这是战役中首次出现的与这个时代不相符的机型。

7月24日，战斗机指挥部又度过了

左图：梅塞施密特Bf-109战斗机排列在机场上。诸如此类的诱人的目标导致英国发动夜间袭击行动。

左图：沃纳·莫尔德斯上校在不列颠战役期间声称击落盟军飞机115架，而且是JG 51的指挥官。后来他被任命为战斗机监察长。1941年，他死于一次飞行事故。

战绩卓著的一天，共击落8架敌机，而自己则只损失2架飞机。在一次主要围绕护航船队展开的空战中，第54、第65和第610中队的27架"喷火"式战斗机起飞拦截由18架Do-17Z和大约40架Bf-109组成的德方攻击机群。Do-17一直保持着相当紧密的队形，而且它们的火力既强大又精准，使轰炸机群能够全身而退，III./JG 26在行动中损失了3架Bf-109战斗机（击落1架第54中队的飞机，并击损另一架）。在JG 26的飞机撤退的过程中，III./JG 52的机群飞越肯特山负责掩护工作，可是它们直接冲进了第610中队的9架"喷火"式战斗机机群中，第610中队的飞机立即击落2架Bf-109E。JG 52在这天的稍晚些时候损失了另一架Bf-109（这次又是被第610中队击落的）。战斗机指挥部开始意识到如果单独一个中队的"喷火"式或"飓风"式战斗机遭遇一个拥有超过40架Bf-109的德国飞行大队（数量比例是3或4比1），那么皇家空军将遭受重大损失，但是如果数量之比

下图：皇家空军的飞行员在他们的"飓风"式战斗机边待命。在不列颠战役进行到最激烈的时候，前线中队的飞机每天要执行3个或4个架次的飞行任务，战斗的压力开始显现它的作用。

是2比1，即使是德军占优，皇家空军依然能取得一场胜利。这是一个非常不平凡的发现，同时也反映出Bf-109E的重大缺陷，它不得不在战斗进行了相当短的时间之后就返回基地，否则就要冒燃料耗尽的危险。

德军的攻击密度在7月25日有所加强。第2航空队将精力集中在对船队实施的攻击上，而第3航空队则多次袭击波特兰。一支大规模的向西航行的船队成为这一天多数空战围绕的焦点，德国空军为了消耗英国的护航飞机，很早就收队返回，随后趁着皇家空军在基地重新装填弹药并补充燃料的时机派出重型轰炸机执行空袭任务。这是一项合理的计划，然而战斗机指挥部却破坏了德国空

梅塞施密特Bf-110

技术参数

乘　　员：	2~3人
最高时速：	560千米/小时
最大航程：	1095千米
武　　器：	2门20毫米口径航炮和5挺7.92毫米口径机枪
产　　地：	德国

梅塞施密特Bf-110拥有先进的承力表层结构，并采用汉德雷佩济的自动前缘缝翼以及液压开缝襟翼。它的引擎是（在战役中使用的Bf-110C）DB601型，由它们来驱动三叶恒定速度螺旋桨推进器。不可否认Bf-110是一种先进的飞机，而且还能作为高速轻型轰炸机或侦察机来使用，它原本应该能够成为一种强大的飞机。但这种飞机最大的问题就在于它的设计者为它安排了双人座结构，因为这使其增加了领航员/报务员的"致命的重量"，它还要承担座椅、氧气设备、护甲和内部通信系统以及需要负担这些重量而添加的额外的燃料。它还额外增加一台远程（重量很大）电台的导航设备（而不

是原先通常使用的简单的地图），甚至还有向后射击的机枪和弹药。作为一种单人座远程战斗机，Bf-110原本能够做得体积相当小，重量较轻，甚至使用2台引擎。

正因为如此，Bf-110的空机重量比英国的"布伦海姆"轰炸机还要重，尽管它拥有优雅的流线型机身，它却从来也没有达到过需要的速度，而且与单人座战斗机相比它显得过于笨拙。作为战斗机，它有先天性的不足。

军打的如意算盘，他们在为船队护航时只出动规模很小的飞行编队，只有在需要时才进行增援。

第65中队的"喷火"式战斗机首先与敌机接触，飞行士官富兰克林在非常低的海拔高度上，通过利用躲避式转向（被称为"急转"），迫使后面追击他的敌机（一架JG 52的Bf-109E战斗机）飞进了大海，取得了少有的"技术性击落"。不久之后，就在双方各自准备返回基地之前处于燃料短缺的状态时，第32中队和第615中队的20架"飓风"式战斗机与大约40架Bf-109E发生了一场非决定性的空战。由于没有护航飞机，60架Ju-87应该是很容易攻击的目标，可是当第54中队的9架"喷火"式战斗机到达现场时，却发现它们需要面对几十架Bf-109E战斗机，结果2架"喷火"式战斗机被击落，而德国飞机则安然返航。

船队在径直通过福克斯通道的时候，又遭到60架"斯图卡"俯冲式轰炸机的攻击，有多艘船只被击中，其中5艘沉没，另外还有4艘受损，其中包括驱逐舰"北风之神"号和"奇迹"号。9架第56中队的"飓风"式战斗机赶到时，"斯图卡"轰炸机依然继续着它们的攻击，战斗机随即将它们驱散。差不多就在同一时间，9艘德国的"E"型艇也攻击了船队，不过它们被击退了。随后，10架来自第54中队的"喷火"式战斗机

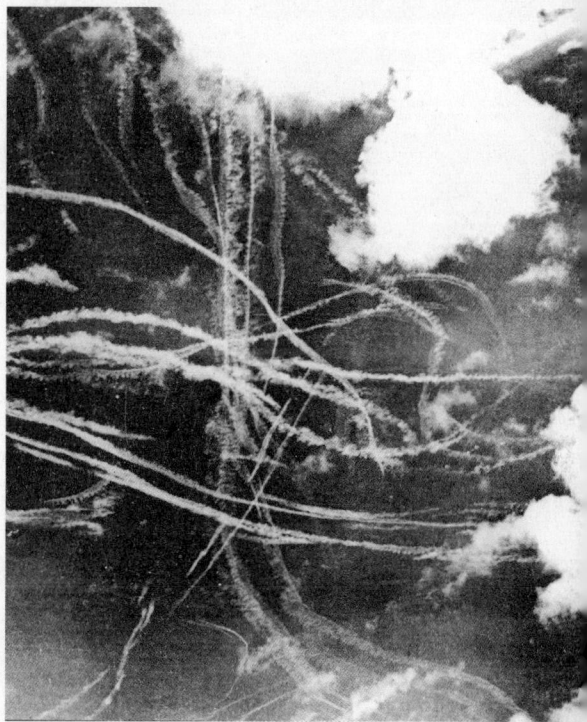

上图：无形战役的涡流……1940年9月7日伦敦上空水蒸气的轨迹。令人感到好奇的是，当时没有一个人确切地知道是什么造成了这些轨迹。

和另外3架来自第64中队的战斗机也加入战团，然而由Bf-109E战斗机成功地防止了皇家空军的战斗机袭击脆弱的"斯图卡"俯冲式轰炸机。

7月28日，见证了战役中两位最伟大的飞行员的首次对决，这一天中战斗机指挥部损失4架飞机，而德国空军则损失8架飞机，其中包括4架Bf-109E，另外还有1架Bf-109E严重受损，在一次战斗中，这架飞机遭到多次攻击，致使引

上图：敌机投下的炸弹落在英国位于英吉利海峡的船队中。攻击船队是为了引出战斗机指挥部下属的部队，不过皇家空军的指挥官们明智地拒绝派出大量珍贵的飞机进行空战。

擎无法使用。7月28日，天气起了变化，清晨天空晴朗而且几乎没有云，战斗机指挥部让8个中队向前方部署到达前沿机场。为了应对德国空军在多佛尔附近即将发动的一场大规模袭击，战斗机指挥部又从曼斯顿调来了第74中队（由"海员"马伦指挥）的"喷火"式战斗机，并从霍金奇调来一个中队的"飓风"式战斗机。"飓风"式战斗机接到命令攻击敌人的轰炸机，把Bf-109E留给第74中队。敌军的轰炸机还没有投下炸弹就调头返航了，马伦发现他要带领12架"喷火"式战斗机对付由沃纳·莫尔德斯少校指挥的来自I./和II./JG 51的大约40架

Bf-109E战斗机。马伦击落了处于领头位置的Bf-109战斗机中的1架，随后将子弹倾泻到另1架敌机从整流罩到定风翼的位置上。这架飞机退出了战斗，虽然它艰难地返回了维森特，但最终坠落在机场上。而这架飞机的飞行员莫尔德斯自己也受了轻伤，不得不离开部队进行恢复。第74中队在这次交战中击落3架Bf-109E，并严重击损另外3架，而中队自己则损失了2架"喷火"式战斗机。

7月29日又是好天气，这天的战斗也更激烈、更血腥。战斗机指挥部在当天损失2架"喷火"式战斗机和1架"飓风"式战斗机，有更多飞机在着陆时严重受损。另一方面，地面防御部队共计击落11架敌军飞机，不过其中没有1架是战斗机。这天德国空军规模最大的攻击行动在多佛尔展开，来自IV（斯图卡）/LG 1、II./StG 1和II./StG 4的48架Ju-87负责执行这次攻击任务，由80架Bf-109E担任护航。防御的一方分别从曼斯顿和霍金奇派出第41中队的11架"喷火"式战斗机和第501中队的12架"飓风"式战斗机进行拦截，然而强大的地面防空火力反而增加了它们执行任务的难度。1架第41中队的"喷火"式战斗机被炮火击落（飞行员没有能够跳伞），另外4架飞机由于战斗中的损伤而只得进行迫降。尽管如此，皇家空军两个中队的战机还是取得了击落4架Ju-87并重创1架的战绩。

就在同一天还有一支船队遭到一支低级别的由KG 76的Ju–88A组成的机群的攻击，这些飞机中的一架撞上了阻塞气球的绳索，失踪了，另外还有一架被地面的防空炮火击落。这个机群早就已经进入雷达的探测范围，完全处于监控中，战斗机指挥部直到船队遭到攻击才对此作出反应。第2支船队（在泰晤士河的河口内）遭到第210快速轰炸航空大队的攻击，而且还有ZG 26的护航部队随行。501中队出发进行拦截，虽然双方都声称击落了对方的飞机，但实际上所有飞机都挣扎着返回了各自的基地，尽管许多飞机损伤严重。第2支船队的行踪是被一架道尼尔侦察机发现的，85中队的指挥官，中尉飞行员帕特里克·伍兹一直追赶这架飞机到了比利时，他用完所有弹药，并将敌机击伤（在圣英格里弗特着陆时坠毁），但没能够把它击落。所有证据显示对于皇家海军来说，英吉利海峡正在逐渐变得越来越不安全，在波特兰附近驱逐舰"愉悦"号被一个小规模机群击沉。

低矮的云层和持续的降雨限制了空军在7月30日的行动，这天皇家空军在战斗中没有损失，相对的也只摧毁德国空军3架飞机，其中一架是被地面的防空炮火击落的。与之相类似的是薄雾也限制了这个月的最后一天的行动，虽然与30日相比行动的次数略多了一些。战斗机

上图：1940年夏季，战斗机飞行员们和他们的狗在达克斯福特休息。注意他们身后的帐篷，中队就分散在这个区域中。将飞机整齐地排成行的日子早就一去不复返了。

指挥部下属的74中队在多佛尔上空失去2架"喷火"式战斗机（包括它们的飞行员），当时这个中队正在向高空爬升追击JG 2的2个中队——著名的里希特霍芬联队。Bf–109E被赶走，其中一架飞机的受创程度严重到当它在费坎普迫降后，损伤鉴定为100%。

到7月31日，希特勒才开始意识到要取得对英国的决定性的胜利并不是那么容易的，许多顾问人员早就指出，即使这个目标能够实现，帝国为此付出的代价最终只能使日本和美国获利。有报告显示，希特勒已经开始认为苏联的毁灭"一定会对英国造成部分影响，随着苏

上图：容克Ju-88，它是第二次世界大战期间生产的最好的轰炸机之一。这种飞机参加了1939年对英国的第一次空袭，也参加了1945年3月3日德国空军对英格兰北部发动的最后一次空袭。

联被粉碎，英国的希望便会灰飞烟灭"。

　　虽然在整个7月皇家空军确实能够与德国空军对抗，但这种成功的获得也使皇家空军付出了高昂的代价。80名正规的皇家空军的中队和机群指挥官阵亡或受伤，多数战术机构现在的指挥官在指挥部队方面的经验较少而且有相当局限性。许多像马伦这样在战争爆发前就已经是军官的人，也是刚刚才有资格成为机群指挥官（马伦在战争爆发前夕晋升到这个职位），而他们很快就得担负

起中队或分区指挥官的职责。飞行员和机枪的更换相对比较容易——到7月底，道丁已经能够建立配备20架作战飞机的中队（外加2名"预备指挥"），而战斗机指挥部下属的飞行员数量在7月31日时也比这个月的第一天增加了214名。道丁增加了损失名单上的飞行员的数量（造成一种表面上的飞行员短缺的假象），而事实上飞行员的数量从来都没有下降到低于不列颠战役开始时的人数。可是经验是无法替代的，即使是最出色的新人也不可避免地需要时间和训练，才能像在战前和平时期接受训练的飞行员那样自如地操控他们的飞机（不干扰整个编队的行动）。

　　在德国空军这边，7月的作战喜忧

参半。毫无疑问（和皇家空军一样）他们低估了自己遭受的损失，但即便如此伤亡和损失的数字已经让人感到震撼。德国空军原本应该吸取教训，采取更好的方式，即发动大量小规模打了就跑的袭击行动来消耗英国的防空力量，而不应该采用大部队袭击的方式，因为这样做战斗机指挥部往往能够及时出击，对攻击部队实施打击，即使不能每次都及时赶到防止目标遭到攻击。另一个德国空军没有吸取的教训是在使用战斗机时如果仅仅采用自由追击的行动方式，Bf-109经常损失惨重，而当护航机群紧密地靠在一起时，击落飞机的数量一般都能够与小规模的皇家空军战斗机部队取得的战果相当。第一个已经提出的警告是Ju-87和Bf-110容易遭受攻击的程度让人感到绝望，除非它们能够得到近距离护航，否则机群很可能损失惨重。现在如果说德国空军还有任何近似于正确的主张的话，那就是它推测战斗机指挥部已经是强弩之末，德国空军的指挥官为了计划中的旨在为登陆行动铺平道路而进行的大规模袭击行动重新集结部队。因此，8月的第一个星期相对平静，行动延续了7月的那些不是那么忙碌的日子的方式。零星地发动空袭和对护航船队的袭击行动，损失也比较小。8月1日，皇家空军损失一架"飓风"式战

上图：一名第302中队的波兰上尉。在不列颠战役期间，外国飞行员起到了至关重要的作用。

左图：军械师正在检查一架"飓风"式战斗机上的勃朗宁7.7毫米机枪。这些机枪最终被20毫米口径的希斯潘诺航炮代替，这种航炮也装备到了"喷火"式战斗机上。

斗机，而德国空军则失去5架飞机。8月2日，皇家空军在战斗中没有损失，德国空军失去了3架飞机。在接下来的8月3日和4日的交战中，皇家空军连续2天避免了损失，而德国空军也只是在第一天损失2架飞机，其中1架被"布伦海姆"击落，8月4日被"布伦海姆"击落1架Bf-109E。

虽然天气状况极佳，而且有许多护航船队可以攻击，但是德国空军在8月5日的攻击行动却寥寥无几，早晨Bf-109执行了一次自由追击行动，一个Ju-88和Bf-109机群在下午攻击了一个护航船队。当天，皇家空军第41中队的一架"喷火"式战斗机在曼斯顿起飞时坠毁，2架第64中队的"喷火"式战斗机在Bf-109执行的自由追击行动中被击落。德国空军方面有1架Bf-109战斗机被击落，另1架带着重创着陆。接下来的这天更加平静，一些敌军的侦察机在英国的海岸线附近冒险。1架Do-17Z被第85中队的"飓风"式战斗机击落，但这就是在这天战斗中唯一的损失。8月7日，

德国空军发动了许多恼人的空袭行动，1架Ju-88失踪，可是皇家空军没有一位飞行员声称将其击落。当天最辉煌的场面是轰炸机指挥部带来的，它下属的部队在哈姆施德袭击了IV./JG 54，这支德国部队当时正准备返回古因斯。3架Bf-109在跑道上滑行时被摧毁，它们的飞行员全部阵亡，另外还有5架飞机受损。最终，这个中队在两个星期之后才返回古因斯。

其间，8月6日，赫尔曼·戈林在卡林霍尔召集了最后一次会议，暂时决定为"鹰日"行动设定一个日期（8月10日）。有些人也将这天认定为不列颠战役开始的第一天，而有些人则将不列颠战役的开始之日定为8月8日，因为当天战斗的规模和强度都开始提升。但8月8日并不是真正标志着戈林的"鹰日"行动的大规模袭击开始的日子，只不过是英吉利海峡战役以更为激烈的方式延续罢了。"鹰日"攻势真正开始的日子应该是8月11日。

4

空战巅峰：8月8日—9月6日

　　8月8日为不列颠战役第二阶段，这天以密集的空中行动和激烈的空战，伴随着高昂的损失为标志，但是这些行动依然以攻击护航船队为主。随后几天，出现了一些停顿，直到8月11日，德国空军进攻的本质才有了意义深远的改变。

　　船队"田凫"（CW9）由20艘商船和9艘护航船只组成，乘着晚潮于8月7日从梅德维港出发。船队被德国设在加来附近的新型"佛雷亚"海上侦察雷达探测到，并在穿越多佛尔海峡的过程中遭到"E"型潜艇的攻击。有3艘船在袭击中沉没，另外还有3艘受损。零星的由小规模俯冲式轰炸机编队发动的攻击效果甚微，一部分功劳要记在由船队自己放出的阻塞气球形成的屏障上。因此，一项准备在8月8日实施的针对这支船队的大规模攻击行动的计划被制订出来，当船队经过怀特岛时，57架来自StG 2、3和77的"斯图卡"俯冲式轰炸机组成攻击部队，而护航部队由V./LG 1的20架Bf-110和从II./以及III./JG 27挑选出来的30架Bf-109E战斗机组成。设在文特诺的雷达站提供了时间充裕的预警，攻击部队遭遇18架"飓风"式战斗机和一个中队的"喷火"式战斗机的拦截，负责护航的Bf-109E飞机成功地阻止了英国战斗机靠近"斯图卡"轰炸机，直到它们完成投弹。船队认为阻塞气球的屏障缺乏有效性，于是分散开来，结果又有4艘商船沉没。德国空军则损失了3架Ju-87，另外还有1架Bf-110和3架Bf-109被击落，

下图：皇家空军的人员正在检查1挺MG 15机枪，他们从1架被击落的亨克尔He-111轰炸机的背部炮塔中得到了这挺机枪。对于敌方设备的彻底检查和评估能够帮助制定在交战时对付它们的战术。

此外有8架飞机严重受损，皇家空军为这次行动付出了5架"飓风"式战斗机的代价。

"田凫"船队残存下来的船只继续挣扎着前进。当天下午，它们再次遭到攻击，这次是82架Ju-87和68架护航飞机。攻击部队又一次遭遇2个中队的"飓风"式战斗机，一场激烈的空战在所难免。"田凫"这次遭受的损失稍小一些，但当它最终跟跄着驶进斯旺尼奇的时候，只有4艘船完好无损，7艘船已经沉没，另有6艘船不得不在沿途寻找避难所或进行维修的港口。这天，战斗机指挥部总共损失14架"飓风"式战斗机和3架"喷火"式战斗机以及1架"布伦海姆"夜间战斗机，皇家空军共击落20架敌机，包括10架Bf-109E战斗机。更多德国空军的飞机身负创伤艰难地返回基地（或在基地附近的地方着陆），许多飞机受损过于严重而被直接拆解，另一些则因为受损严重再也没有在战役中被使用。戈林计划中的"鹰日"被推迟，接下来的这天双方都没有遭受战斗损伤，德国空军只发动了一些小规模空袭，但由于低矮的云层和英国飞机对于袭击者的拦截使德国飞机无法击中它们的目标。

8月11日由Bf-109执行的自由追击行动拉开了当天战斗的序幕，而第210快速轰炸航空大队则利用气球对多佛尔实施攻击。前3次自由追击使第74中队损失

了1架"喷火"式战斗机（飞行员成功跳伞），而德国方面则有2架Bf-109E被击落。凯塞林随后发动了一系列以中队为单位的袭击行动，考验并消耗英国的防御力量，然而帕克拒绝派出飞机参与战斗，多数Bf-109E在返回基地补充燃料之前只是在肯特山周围的乡间横冲直撞，收获极少。双方也有孤立的战斗存在，但都没有什么结果。

当天的一次主要的袭击行动由来自I./和II./KG 54的54架Ju-88以及27架KG 27的He-111发起，目标是波特兰，担任护航的是来自ZG 2的61架Bf-110和来自III./JG 2的30架Bf-109战斗机，这些战斗机由第一次世界大战时期的老兵埃里克·米克斯率领。战斗机指挥部派出74架飞机进行回击，这些战斗机来自第1、87、145、152、213、238、610和第609中队。第609中队的战机最先抵达，它们径直穿越由Bf-110组成的防御圈，击落敌军5架战斗机。绝大多数战斗机指挥部下属的飞机与德国战斗机展开混战，只留下大约10架飞机去攻击敌人的轰炸机机群。不久之后，更多的Bf-109（来自JG 27）到达交战地点以掩护他们的战友撤退，返航的德国空军失去了6架Bf-109、6架Bf-110、5架Ju-88和1架He-111。对方的人员损失包括3名大队指挥官和其他几名高级军官。失去了18架飞机的德国部队击落了16架"飓风"式战斗机（其

上图："南方"公司的D 520是一种优秀的战斗机，不过直到1940年5月德国发起进攻时，它才被用于装备法国空军的中队。

中13名飞行员阵亡）和一架单独的"喷火"式战斗机（它的飞行员在成功跳伞后溺水身亡）。战斗减弱时实施的搜索和救援行动招致进一步行动。当天另外一次的主要空战围绕着从哈维奇出发的护航船队"战利品"展开，船队遭到第210快速轰炸航空大队的Bf-110和IX./KG 2的Do-17的攻击。这些Bf-110同往常一

下图：费尔雷轻型轰炸机，它的动力和火力都不足，在不列颠战役期间有大量这种飞机被击落。这架飞机属于第63中队，这是一个训练中队。

样由他们光荣的瑞士指挥官霍普曼·沃尔特·鲁本施多弗率领，他是一位参加过西班牙内战的老兵，有足够的战绩可以证明他是德国空军最伟大的战斗机—轰炸机飞行员的代表。攻击部队遭到第17、74和第85中队的拦截，但他们还是完成了袭击任务。至少有4架Bf-110在第17中队的"飓风"式战斗机的火力下坠毁。

不久之后第74中队再次参与行动，这次集结的机群由"海员"马伦带队。来自第54中队的"喷火"式战斗机和"三合一"部队的"飓风"式战斗机加入了"老虎"机群，它们共同前往拦截由45架Do-17、一个中队的"斯图卡"俯冲式轰炸机和一支强大的护航部队组成的袭击部队，德国空军的目标是泰晤士河口内的另一支船队。由于天气突然变糟，行动被取消了，

上图：1940年9月，一位来自皇家空军轰炸机指挥部的飞行人员。在法国沦陷以后，轰炸机保持着对德国的威胁。

上图：皇家空军第1中队的飞行员在一次集结练习中冲向他们的"飓风"式战斗机，演习在1939年至1940年冬季进行，地点在瓦兴考特。在这个时期，他们经常与德国战斗机发生冲突。

这对于双方来说都是一个很受欢迎的喘息的机会。在这天的作战过程中，战斗机指挥部损失了24架"飓风"式战斗机（连同20名飞行员）、6架"喷火"式战斗机（连同4名飞行员），但他们击落了13架Bf-109、10架Bf-110、5架Ju-88、2架Ju-87、2架He-59、1架Do-17和1架亨克尔-111。

在8月11日这天遭受的重大损失，使德国空军终于不再怀疑英国的雷达系统向战斗机指挥部提供了关于即将到来的空袭的惊人的预警，而且在德国空军的总信号官马蒂尼将军说服下，最终作出决定，在"鹰日"攻击开始前英国所有已知的雷达站必须被摧毁，进攻被安排在8月13日开始。要达成这个目标仅仅为轰炸机部队留下了一天时间。

虽然雷达系统的天线非常庞大，但

雷达站却很小，属于微型目标，而且攻击它们的任务交给了鲁本施多弗的第210快速轰炸航空大队。虽然这个作战单位的6架Bf-110执行了一系列连续的袭击雷达站的任务，地点在多佛尔、拉伊、佩文塞和敦刻尔克，但也只造成第一个雷达站几个小时无法工作。尽管如此，由于雷达的覆盖面积减小，德国空军能够在这段时间内不受抵抗地攻击莱姆尼和霍金奇。

雷达确实提供了袭击的预警，参与袭击的大约有100架来自KG 51的Ju-88飞机，后续部队有来自ZG 2和ZG 76的120架Bf-110，护航的是JG 53的25架Bf-109战斗机。这支庞大的空中舰队朝布莱顿港席卷而去，随后调头向西前往怀特岛。帕克和布兰德应对的方法是派出48架"飓风"式战斗机和10架"喷火"式战斗机进行拦截。敌军的战斗机在上方

上图：1940年夏季，当一架亨克尔He-111从一个法国机场起飞执行任务前，地勤人员正在移走引擎上的蒙布。

形成一个巨大的圆圈，而轰炸机则分成2队。规模较小的那队大约有15架飞机，攻击位于文特诺的雷达站。它们摧毁大院中的所有房屋并破坏了雷达的天线，雷达站大约3天无法工作，为了恢复雷达

上图：第85中队的"飓风"式战斗机采用最典型的编队模式飞行。这种排列紧密的战斗编队方式一直被皇家空军沿用到1941年。随后开始使用德国空军常用的明智的、灵活的方式。

上图：容克Ju-87轰炸机正在俯冲冲向目标。注意飞机非常大的副翼区域，它确保"斯图卡"在进行大角度俯冲时不会超过它的临界速度。

站的功能，英国方面只能使用机动的雷达天线和设在卡车上的控制室。皇家空军早就已经练习过使用机动的信号发射器，将它们挂载在专门的竿子上，要破坏这些信号发射器是极其困难的事，而且英军使雷达站恢复功能的能力迫使德国空军明白了要摧毁英国固定的雷达站事实上是一件很困难的事。

机群中剩下来的Ju-88前往朴次茅斯，袭击那里的海军基地，对目标的攻击持续了差不多15分钟，有2架飞机被地面的防空炮火击落。当德国飞机越过阻塞气球形成的屏障后，皇家空军的战斗机即刻对它们发起攻击。与往常一样，虽然皇家空军的飞机占据有利的位置，但由于数量太少总是无法击落太多

敌机。KG 51损失了10架Ju-88，即使发现英国的战斗机正等着它们，Bf-109也只能惊愕地冲下来，因为文特诺的袭击者正面临灭顶之灾。执行自由追击任务的Bf-109被派来掩护机群撤退，它们也加入战斗团，径直朝着第615中队的12架"飓风"式战斗机冲去，在快速交战中，2架德国战斗机被击落。

作为战斗机指挥部距离敌人最近的机场，曼斯顿是一个很诱人的目标，在战役进行的过程中总是不断地被德国空军定为袭击的目标。不列颠战役期间，在所有皇家空军的基地中，曼斯顿可能是损失最大的，而且在这里驻扎的部队的士气最终可能下降到令人担忧的程度。在攻击了不相干的莱姆尼并对霍金奇实施沉重打击后（两家飞机维修厂、保养车间以及4架"喷火"式战斗机被摧

下图：在飞行的间歇，德国飞行员们正在休息。等待被多数人认为是最糟糕的，一旦起飞，开始行动，飞行员几乎没有时间感到恐惧或担忧。

上图：一名女子辅助空军部队的乘员正在一个RDF（无线电方向探测仪）工作站监视阴极射线管呈现的信号。雷达这个名字直到战争的后期才开始被使用。

毁），德国空军将它的注意力转到了曼斯顿。第210快速轰炸航空大队对机场实施覆盖性打击，来自KG 2的18架Do-17也在这里执行了轰炸任务。机场的建筑以及两家飞机维修厂时遭到攻击，但只有一架停放着的"布伦海姆"夜间战斗机被摧毁，第65中队派驻在这里的"喷火"式战斗机并没有遭受严重损失。24小时后，机场又重新开放。但随后就有150枚高爆弹和杀伤弹落在机场上，爆炸造成的蘑菇云上升到几千米的空中。噪音、烟雾、灰尘和破坏一定是非常令人恐惧的，即使空袭已经结束了，许多地勤人员依然拒绝从他们的掩体中出来。

这天结束时，战斗机指挥部又多损失11架"飓风"式战斗机和10架"喷火"式战斗机，而驾驶它们的飞行员分别有8名和3名阵亡。德国空军方面则失去了28架飞机，包括11架Bf-109E战斗机。

第二天标志着德国空军计划中的空中战役的第一天，被称为"鹰日"，戈林下达命令，将原定的行动推迟到下午开始，可是只有一部分参战部队收到了这道命令。因此，芬克的KG 2的74架Do-17按原计划于5时起飞对谢佩岛发动袭击。为他的这个机群护航（一大群Bf-110，由第一次世界大战时期的老兵——独腿的约阿希姆·胡斯率领）的部队却收到取消攻击的消息，但又无法与轰炸机取得联系——电台的晶体检波器发生了故障。胡斯驾驶飞机到达轰炸机编队的前方，他积极地操作飞机作出各种动作试图阻止轰炸机机群前进，但他所做的一切都被认为是为了鼓舞士气，于是在没有战斗机护航的情况下，Do-17强行实施空袭，结果被皇家空军击落5架

下图：一张极好的梅塞施密特Bf-109战斗机的抓拍照片。照片上机身展现出来的斑驳的蓝灰色是不列颠战役期间德国战斗机使用的典型伪装。

飞机。因为德军轰炸机还没有袭击谢佩岛和东彻奇的机场之前就遇上了马伦的第74中队，攻击德军的轰炸机还包括第151中队以及皇家空军唯一装备了航炮的"飓风"式战斗机，所以这次德军还算走运，没有损失更多飞机。

另一支德军中队既没有收到推迟行动的指令又没有得到召回部队的命令的部队是KG 54，它下属的Ju-88A出发攻击位于范堡罗的皇家空军和位于奥迪厄姆的陆军联合指挥部的机场。浓密的云层和皇家空军战斗机的拦截使编队的指挥官在进入英国领空只有16千米时就作出掉头返航的决定，就这样编队几乎毫无损伤地撤退了。

整整3个小时之后，I./ZG 2（依然不知道行动已经被推迟了）起飞为KG 54执行打击波特兰的任务护航。Ju-88A没有在预定的集结点出现，Bf-110只能独立地继续执行任务，结果在返航前被第238中队击落一架飞机。

"鹰日"攻击计划在这天下午时间已经过去了一半的时候开始发动了，由300架飞机组成的部队拉开了攻击第10飞行大队机群的帷幕。II./JG 53提供的30架Bf-109E（由甘特·弗瑞赫·冯·马尔赞男爵率领）在主力部队的前方，更近距离的护航职责由V./LG 1的30架Bf-110和JG 27的30架Bf-109承担。轰炸机机群由来自I./、II.和III./LG 1的40架Ju-88以及

上图：他们也在工作……位于英格兰某处的一个阻塞气球基地，一名传令兵正在与一名同事通话。阻塞气球给敌人造成了相当大的损失，具有威慑作用。注意照片上的时间有多早。

来自StG 77和StG 2的79架"斯图卡"俯冲式轰炸机组成。

Ju-53执行的最重要的任务是将战斗机指挥部吸引到西方，结果不仅没有获

下图：一架亨克尔He-111轰炸机正在投弹。炸弹竖直放置在炸弹舱内，因此在投弹时会看到这种奇怪的"翻跟头"的情况。

得成功，还让皇家空军绝大多数战斗机更好地做好了战斗的准备，而且把其他飞机也召唤到空中，等待着德国空军大规模袭击的开始。当"斯图卡"轰炸机和Ju-88飞机飞越海岸线的时候，皇家空军已经在空中集结了77架作战飞机。

Ju-88潜入南安普顿，并对其实施了大规模轰炸。与之相比，Ju-87在米德尔沃勒普的行动取得的成果要小得多。它们的护航飞机早就调头返航了，这是由于它们的燃料即将耗尽，袭击者中有6架飞机被第609中队的"喷火"式战斗机击落。计划中应该有更多的Ju-88参与对米德尔沃勒普机场的轰炸，但其中有些飞机没有能够找到机场，于是它们随机地袭击了安德沃作为代替，另外还有一架飞机将炸弹投在了米德尔沃勒普的村庄里。与此相类似的是，剩下来的"斯图卡"轰炸机也没能找到沃姆维尔，于是在返航前把炸弹投在了英国乡间。

在另一侧，第2航空队刚过17时就出动了它的俯冲式轰炸机。主力的攻击部队被皇家空军第56中队的"飓风"式战斗机拦截并调头返回，在逃逸的过程中轰炸机随机选择目标进行轰炸。另一支在东部的主力攻击部队的境遇比这好得多。IV（St）/LG的40架Ju-87袭击了达特林（并不是战斗机指挥部下属的机场），取得巨大成功，空袭共造成英国方面67人丧生，摧毁飞机22架。由戈萨

上图：由于英国被围困，对于敌人的间谍的恐惧非常普遍。德国在英国境内的情报机构的情况出奇地糟糕，对于目标的情报搜集工作也是一样。

特·亨德里克（1936年柏林奥运会现代五项比赛的金牌获得者）少校指挥的JG 26执行了一次时机刚好的自由追击行动，并确保攻击部队没有遭受任何损失。

"鹰日"袭击一直持续到当天夜里，15架He-111轰炸了位于贝尔法斯特的肖特兄弟的工厂，摧毁了5架"斯特林"飞机。另外9架袭击布洛姆维奇城堡的He-111就没有那么走运了，只有4架

飞机找到目标，空袭仅仅造成微小的破坏，没有对"喷火"式战斗机的生产造成影响。其他轰炸机执行的任务也不成功，尽管空袭造成100人死亡并破坏了一些铁路线，但没有达到预定的目的。

在英国轰炸机飞越阿尔卑斯山对意大利北部的工业城市米兰和都灵实施大规模轰炸后返回基地的过程中，它们将剩余的炸弹投在了查尔顿奥特穆尔，就在阿比恩顿附近。看见有爆炸发生，几架KG 55的He-111冲向现场，并投下了

下图：坐落在英国海岸线上的一座雷达站，是"雷达站锁链"的一个组成部分。到战争爆发的时候，已经有20座雷达站能够被使用，这些雷达站分布在南安普顿到纽卡索尔和泰恩河沿线地区。

它们的炸弹，在记录中又多了一次对英国"沉重打击"的空袭行动，而事实上那里只是牛津郡乡间一块荒废的土地！

双方都夸张地通报战果，皇家空军宣称它的飞行员摧毁了64架敌军飞机（实际的总数是37架），而德国空军通报数字可以说完全是虚构的——84架（真实的数字应该是13架）。不过皇家空军确实在地面上损失了47架飞机，其中1架是战斗机。即便是对于真实的击落敌机的数量皇家空军也应该感到高兴，糟糕的情报以及甚至更为差劲的导航竟然阻止了"鹰日"攻势对战斗机指挥部造成严重损失。

8月14日，德国空军在许多方面取得的成绩比前一天好得多，但是行动的步伐变得更加缓慢。当天德军取得的最大的成功是由II./StG 1和IV（斯图卡）/LG 1的"斯图卡"俯冲式轰炸机执行的袭击多佛尔的行动，它们攻击了肯特港并击沉"古德温"灯塔船，而同时它们的护航部队（来自JG 26的大约90架Bf-109E）确保轰炸机免遭皇家空军的战斗机的攻击。有一个大队待在离俯冲式轰炸机相当近的地方护航，另2个（由霍普曼·费舍尔和阿道夫·加兰德指挥）与来自第32、65、610和第615中队的42架"喷火"式和"飓风"式战斗机交战，由于皇家空军的战斗机是陆续抵达战场的，因此德国空军始终保持着数量上的

第5航空队的大日子

在8月15日之前，第5航空队对于不列颠战役的贡献仅仅是派出有限数量的飞机执行单独的或小编队的袭击行动。第5航空队的指挥官需要面对的问题是他部署在挪威和丹麦境内的轰炸机能够到达英国，但是单人座战斗机无法提供这样长距离的护航。德国情报部门确信皇家空军能够在南部组织起如此激烈的抵抗是因为它将北部的战斗机和防空力量调到了南部地区。

根据这个推断，德国空军认为第5航空队应该加入英吉利海峡战役和"鹰日"攻势。于是，施通普夫派出18架亨克尔He-115水上飞机伴攻邓迪，而另外由I./和III./KG 26派出的63架He-111则按照略微偏南的路线飞行（朝着爱丁堡），在到达前立刻转向径直前往纽卡斯尔。这支部队的目的是袭击皇家空军位于迪什福斯和乌斯沃斯的机场，第二批目标是桑德兰和米德尔斯堡。这些飞机装载着6000千克炸弹艰难地升空，伴随着它们一同起飞的还有I./ZG 76的21架Bf-110D

远程重型战斗机，它们携带着副油箱。不幸的是，用于伴攻的He-115编队同主力攻击编队的距离过于靠近，原本应该作为诱饵，现在却增加了战斗机指挥部的焦虑，他们认为一次大规模袭击即将开始。

由于正好有一支重要的护航船队正从霍尔起航，决不能冒险，因此第13飞行大队下属的所有战斗机中队全部出发与敌机交战。从阿克林顿出发的第72中队是战斗机指挥部的第一支与德国编队遭遇的部队，2架Bf-110被炸成碎片（它们的副油箱虽然是空的，但里面残留着汽化的燃料，使副油箱像炸弹一样爆炸了）。从德瑞姆赶来的第605中队是第二支到达现场的部队，从凯特里克来的第41中队和从阿克林顿来的第79中队紧随其后。在幸存下来的飞机完成投弹并返航前已经有7架亨克尔轰炸机和7架Bf-110D战斗机被击落。当它们艰难地返航时，一架飞机闯进了由来自第235中队的"布伦海姆"式飞机组成的反舰编队中，立即就被击落了。

当亨克尔此前沿着海岸向南飞行时，第13飞行大队召集了第264中队的"无畏"式飞机保护从霍尔出发的船队。就在这些亨克尔轰炸机逃逸的时候，雷达系统侦测到另一次袭击，有50架轰炸机正在前往德里菲尔德。13时07分，第13飞行大队召集了第616中队的12架"喷火"式战斗机和6架第73中队"B"队的"飓风"式战斗机拦截这些空袭者。结果发现德国的空

袭编队由来自KG 30的Ju-88A轰炸机和Ju-88C重型战斗机混编而成，它们是从丹麦的奥尔堡出发的。Ju-88正前往皇家空军轰炸机指挥部位于德里菲尔德的机场。幸运的是，那里正在进行防空演习，所有火炮都处于工作状态，而多数人员也各自就位。Ju-88大约摧毁了10架"惠特利"轰炸机，并将另外6架严重击伤，许多机场的建筑被毁或受损。但英军战斗机和防空炮火击落了7架参与攻击的飞机（2架轰炸机和5架Ju-88C），还有3架飞机在返航的过程中坠毁在荷兰境内。这次任务证明了所有认为没有战斗机护航的轰炸机在空袭时会遭受重大损失的推论，即使是在原先已经认为不设防的英格兰北部。

巨大优势。应对这样的场面对于JG 26来说相当轻松，于是它下属的一个中队索性离开了战场去攻击阻塞气球，共击落了多佛尔上空的8个阻塞气球。尽管德国空军在数量上占据优势，然而它们只击落了3架皇家空军的战斗机，还有1架在交战过后实施迫降的时完全损毁，飞行员也受了伤。

第210快速轰炸航空大队又一次袭击了曼斯顿，使3个维修车间着火，并摧毁了停在地面的3架"布伦海姆"夜间战斗机。第600中队实施了报复行动，飞行员使用新装备的20毫米航炮将参与袭击行动的1架飞机打了下来。机场的皇家炮兵部队也是用他们的40毫米博福斯式高射炮击落了另一架敌机。在其他地方，德国空军采用小规模部队在160千米的战线上广泛攻击了众多目标。3架He-111袭击了米德尔沃勒普，但领队的飞机被一架"喷火"式战斗机击落，这架皇家空军的战斗机所属中队的驻地刚刚遭到破坏。

德国的轰炸机发现，即使在英国北部自己也会遭到攻击。在切斯特附近，1架KG 27在哈沃顿被第7OTU的3名教官击落。

这天第11飞行大队更进一步调整了作战部署，在苏格兰，第145中队被派往北部的德瑞姆，第74中队前往维特林（这个中队会在那里继续参加不列颠战

下图：一座雷达站的控制人员。出于安全原因，雷达站被称为AMES（航空部试验站）。

上图：一个容克Ju-87"斯图卡"的飞行编队。"斯图卡"这个词是德语中"StuRZKAMPffLuGZeuG"的缩写，意思是"俯冲式轰炸机"，因此它指代所有德国的俯冲式轰炸机，不过在第二次世界大战期间通常与Ju-87联系在一起。

役），而第238中队则前往圣伊伏。引入的中队包括霍恩彻奇的第266中队和博斯坎比镇的第249中队。

皇家空军在这一天飞机的损失总数为5架，而德国空军有18架飞机被皇家空军的战斗机击落，2架被地面防空炮火击落，在战斗结束后，还有另外几架飞机由于着陆时发生事故而严重受损。德军的损失中包括5架Bf-109战斗机，它们是在战斗机对战斗机的交战中被击落的，这也使8月14日成为英国皇家空军成功击落与自己的损失数量相同的单引擎战斗机的第一天。回顾起来，这也是接下来作战的好兆头。

对于整个德国空军来说，作为"黑色星期二"的8月15日是德国空中攻势开始减弱的一天。糟糕的天气也妨碍了行动的执行，因此戈林将航空队的指挥官们都召集到卡林霍尔反省"鹰日"攻势不成功的原因。

当天气放晴之后，发动预先制定好的在这天行动的命令最终下达。有趣的

下图：观察站的工作人员在制定正在接近的敌机的轨迹。这张照片拍摄于不列颠战役结束后，"皇家"字样（肩章）在第二次世界大战的后期才被授予这个机构。

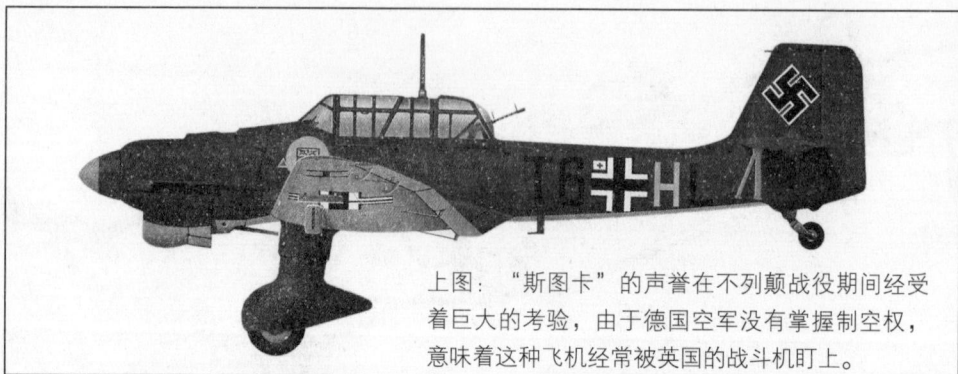

上图："斯图卡"的声誉在不列颠战役期间经受着巨大的考验，由于德国空军没有掌握制空权，意味着这种飞机经常被英国的战斗机盯上。

是，这些行动都是针对战斗机指挥部的机场的，因为不久之前空军高层作出决定认为袭击雷达系统"无法造成持久的破坏"。这是一个致命的失误，证明德国方面既不了解他们已经袭击过的雷达站遭到多么严重的破坏，而且也不清楚英国是如何进行应急性的维修的。当然，这里提到德国空军将战斗机指挥部下属的机场作为袭击的目标是指那些他们认为是战斗

左图：德国第26战斗机联队的一名飞行员。这个作战单位的梅塞施密特Bf-109参与了不列颠战役期间的很多行动。

机指挥部的机场的地方。例如，在8月15日，目标清单上包括德里菲尔德（约克郡的一个轰炸机基地）、沃兹唐恩（基本上是一个储备基地）以及东彻奇（一个不那么重要的前沿行动基地）。

一次主要由"斯图卡"俯冲式轰炸机执行的对霍金奇的空袭确实造成了巨大破坏，幸运的是，基地的战斗机已经起飞，还击落了德军的2架轰炸机，但还是有4架飞机被Bf-109E击落。空袭除了对霍金奇的基础设施造成的破坏外，还切断了对位于多佛尔、莱和福尔尼斯的雷达系统的电力供应。莱姆尼遭到的攻击更加猛烈，而II./ZG 76的Bf-110扫射并轰炸了曼斯顿。

在8月15日之前，驻扎在斯堪的纳维亚的第5航空队下属的作战单位并没有全部参与德国空军的空中战役，它仅仅派出小规模编队执行低密度的空袭任务。由于后来德国空军认为英国部署在北部的战斗机和防空火力已经被摧毁，因

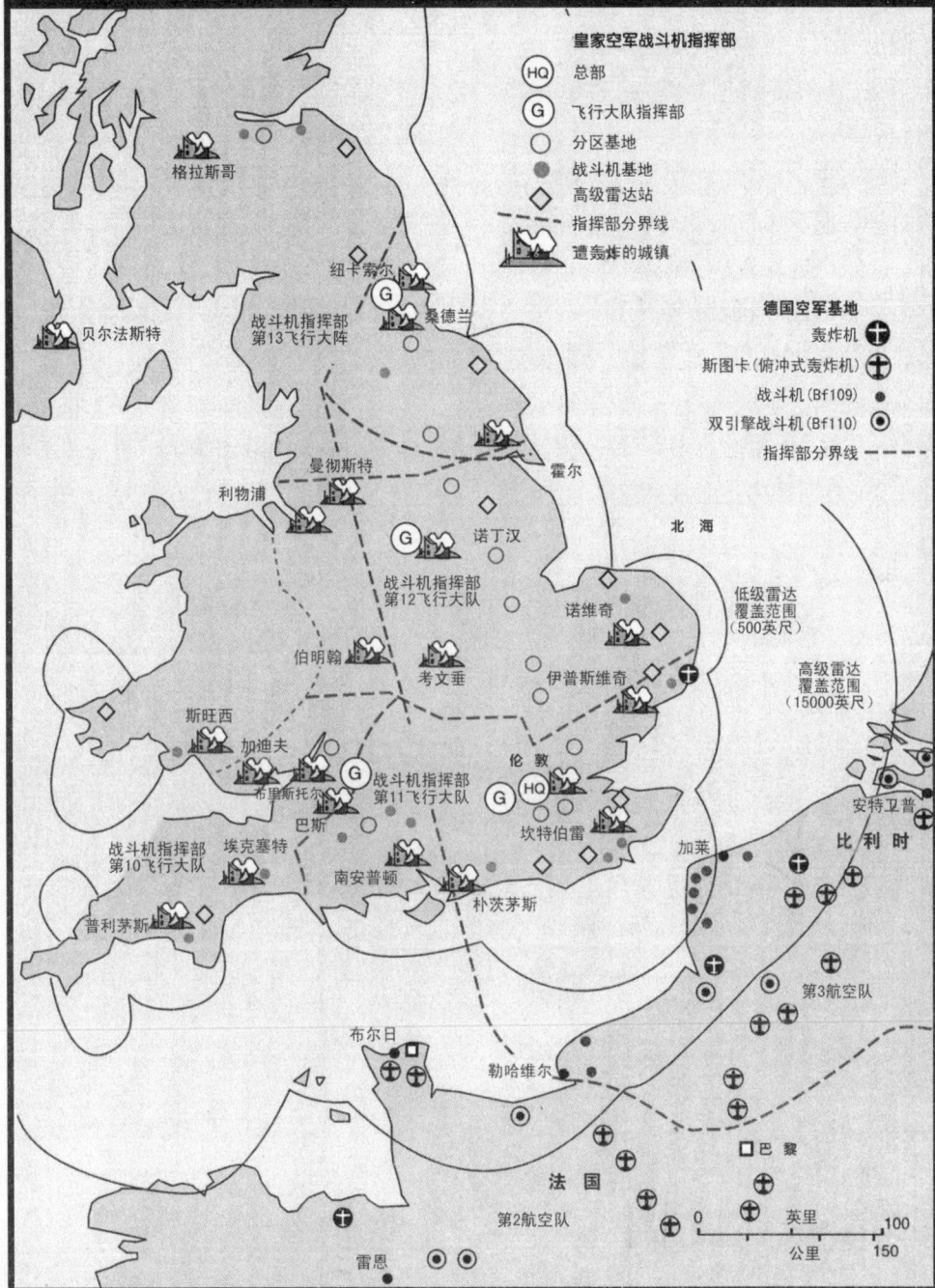

不列颠战役

皇家空军战斗机指挥部

- (HQ) 总部
- (G) 飞行大队指挥部
- ○ 分区基地
- ● 战斗机基地
- ◇ 高级雷达站
- --- 指挥部分界线
- 遭轰炸的城镇

德国空军基地

- ✝ 轰炸机
- ✚ 斯图卡（俯冲式轰炸机）
- • 战斗机（Bf109）
- ◉ 双引擎战斗机（Bf110）
- --- 指挥部分界线

格拉斯哥

贝尔法斯特

纽卡索尔

(G) 战斗机指挥部
第13飞行大队

桑德兰

曼彻斯特

霍尔

利物浦

北海

(G) 诺丁汉

战斗机指挥部
第12飞行大队

诺维奇

低级雷达
覆盖范围
（500英尺）

伯明翰

考文垂

伊普斯维奇

高级雷达
覆盖范围
（15000英尺）

斯旺西

加迪夫

(G) 战斗机指挥部
第11飞行大队

伦敦

(G) (HQ)

安特卫普

布里斯托尔

坎特伯雷

加莱

比利时

巴斯

埃克塞特

战斗机指挥部
第10飞行大队

南安普顿

朴茨茅斯

第3航空队

普利茅斯

布尔日

勒哈维尔

巴黎

法国

第2航空队

0   英里   100

公里   150

雷恩

此作出决定让第5航空队投入全部力量，事实上，第5航空队的轰炸机在执行任务时没有战斗机为它们护航。结果——正如我们已经描述的那样——是灾难性的。

回到南方，第210快速轰炸航空大队对马特斯汉姆希斯发动了破坏性的攻击，使这个机场在2天内无法使用。3架参与防御的战斗机被护航的Bf-109E击落，参加这次袭击的德军飞机全部安全返航。德国空军发动的一次规模更大的袭击（来自KG 3的88架Do-17Z，护航工作由130架来自JG 51、JG 53和JG 54的

Bf-109E战斗机担任，另外还有60架来自JG 26的Bf-109E配合这次行动执行自由追击任务）也同样取得了成功。尽管皇家空军派出36架战斗机拦截这次空袭，但它们无法穿越德国战斗机组成的屏障，只有2架轰炸机被击落，皇家空军试图阻止这次空袭的努力落空了。道尼尔袭击了位于罗彻斯特的肖特兄弟公司的工厂（破坏了"斯特林"飞机的生产）以及东彻奇的机场。

KG 1和KG 2还派出许多得到严密护航的中队规模的攻击编队，进一步考验战斗机指挥部，然而当60架LG 1的Ju-88

左图：一枚德军的炸弹在皇家空军下属的坎雷机场的行动指挥区域附近爆炸。如果德国空军对于英国机场实施的持续空袭能够多坚持一些日子的话，那么战斗机指挥部一定会处于极其险恶的境地。

（由ZG 2的40架Bf–110担任护航）袭击南安普顿、米德尔沃乐普、沃兹唐恩和奥迪厄姆时，它们遭到了战斗机指挥部下属的4个中队的沉重打击，损失了大量飞机。当3个中队（第87、213和第234中队）试图阻止40架"斯图卡"俯冲式轰炸机袭击波特兰时，皇家空军就没有取得之前那么大的战果。担任护航的60架Bf–109（来自JG 27和JG 53）以及20架Bf–110对皇家空军造成不小的伤亡。一名"飓风"式战斗机的飞行员（第213中队的指挥官约翰·杜瓦）发现他的机舱里充满了烟雾和火焰，他半个身子在机舱内，半个身子在机舱外驾驶飞机返回基地，飞行的过程中只能使用操纵杆而无法使用方向舵，后来他又下蹲着进入机舱放下副翼和起落架，最终成功着陆。

最后一波攻击中包括另一次效果显著的由鲁本斯多弗尔的第210快速轰炸航空大队发动的对坎雷的空袭行动，计划中此次袭击与由道尼尔轰炸机实施的袭击美仁山的行动同时进行。可是Bf–110连同战斗机护航部队错过了集结点，于是他们转而袭击克罗伊登，放弃了袭击坎雷的计划。他们的行动对英国方面造成巨大的损失，但他们后来遭遇了第111

上图：这张伪造的照片声称展示了一架"喷火"式战斗机在英格兰上空的某个地方攻击一架道尼尔Do–17的情景。这架"喷火"式是一架被俘虏的飞机，原先的圆形装饰图案被重新上了漆——位置是错误的。

中队，而及时赶到的第32中队正好对付迟到的Bf–109战斗机群。鲁本斯多弗尔自己也被击落并阵亡，与他一同阵亡的还有几名经验丰富的机组人员。道尼尔机群也没有找到自己的目标，结果袭击了几乎已经撤空了的西莫林。德国空军

右图：这挺MG 15机枪是从一架亨克尔飞机上缴获的，并被一个轻型步兵连使用。据说它还击落了一架Me 109——听起来有些让人难以相信。

左图：德国空军的机械师正在维修一架道尼尔Do-17的引擎。道尼尔最初使用输出功率为1000马力的DB600A型引擎，但由于这种引擎供应短缺，就改用输出功率为900马力的布拉莫323A-1型引擎作为替代。

的目标识别和导航工作做得格外地差，早先袭击了奥迪厄姆的飞机在返回基地后才被告知他们的目标应该在安德沃。

到这天的行动结束时，皇家空军取得的战绩能够压倒德国空军主要是因为后者在北部发动的攻击行动中，共损失71架飞机（另外还有30架飞机被确认失踪），其中包括32架Bf-110和Bf-109E战斗机。皇家空军损失了18架"飓风"式战斗机和11架"喷火"式战斗机。德国空军的高级指挥官们开始怀疑他们是否能够在预定的4天时间内摧毁英国皇家空军，如果他们能够做到，那么剩下来的将会是一支怎样的德国空军？

尽管损失惨重，德国空军还是在第二天继续频繁发动大规模攻击。袭击包括对坦米尔的破坏性空袭，摧毁了许多房屋和地面上的飞机以及由"斯图卡"俯冲式轰炸机执行的袭击位于文特诺的英军雷达系统的行动（令人吃惊的是，戈林在前一天刚刚指示过停止执行此类空袭任务）。当天还有许多由Do-17和Ju-88执行的大规模袭击。其中的一次袭击遭到第249中队的"飓风"式战斗机的拦截，参与拦截的飞机又遭到德军位于

下图：1940年7月24日，在遭到一架"喷火"式战斗机的攻击后，这架Bf-109E在迫降时坠毁在马尔盖特的诺斯唐恩。它的飞行员欧伯尔特·巴尔特斯严重受伤，并被俘。

上图：未处于待命状态的一个伯尔顿-保罗"无畏"式飞机中队的飞行员和射击手们。"无畏"式作为一种日间战斗机简直就是一种灾难，不过在夜间进行的战斗中却取得不少战果。

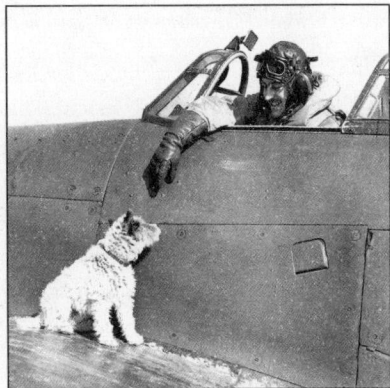

上图：起飞前，一名皇家空军的飞行员正在向他的宠物狗告别。这样的小狗能够帮助飞行员们打发等待集结命令时的无聊时间。

高空的Bf-109的攻击。由中尉飞行员詹姆斯·尼克尔森指挥的编队遭到的攻击最猛烈。一架飞机由于受损过于严重而退出了编队，挣扎着飞回波斯科姆比谷地；另一架被击中，着火并最终坠毁，飞行员成功跳伞。尼克尔森的飞机也着火了，但他依然执行攻击任务而不顾这些，直到攻击结束后才跳伞（他的烧伤非常严重）。在两名飞行员跳伞下落的过程中，遭到地方警卫的攻击。尼克尔森只是被霰弹爆裂释放的小球击中，但他的同伴就没那么走运了，由于降落伞的绳索被打断了，径直坠落身亡。这次事件使尼克尔森赢得了整场不列颠战役中战斗机指挥部的唯一一枚维多利亚十字勋章。

德国空军最成功的袭击行动之一由2架Ju-88发起，它们绕着布莱兹诺顿减速飞了一圈，在薄雾中它们看起来像2架"布伦海姆"夜间战斗机。不过，当它们穿过了外围防御后立即加速，并投下了32枚炸弹，轰炸摧毁了一个停机棚以及46架飞机，其中包括11架储备着的"飓风"式战斗机。事情原本可能变得更糟，一枚250千克的炸弹击中了弹药库，幸运的是它没有爆炸。随后，2架Ju-88毫发无损地离开了。

Bf-109开始普遍地实施近距离护航，这样做虽然减少了轰炸机的损失，但是战斗机自己付出的代价变得更加高昂。即便如此，战斗机贴身护航的策略却更加严格地被执行。德国空军的战术（出动前所未有的1715架次的飞机）使它在8月16日失去了44架飞机，包括18架

Bf-109战斗机，而皇家空军只损失了23架战斗机。

在经过了两天非常激烈的交战后，8月17日这天显得平静得多，一架阿拉道Ar-196飞行时过于靠近皇家海军的打捞船，结果被击落。第2天一早，一架单独的He-111在距离斯普恩岬40千米处被一架第29中队的"布伦海姆"夜间战斗机击落。

然而这种缓和持续的时间相当短暂，8月18日被作为"最艰难的一天"而永载史册。在这天的交战中，战斗机指挥部共损失30架"飓风"式战斗机和7架"喷火"式战斗机，但总共击落敌机61架，包括16架Bf-109E战斗机。这天损失

下图：交战双方都有大量飞行员喜欢有宠物狗陪伴着他们。照片显示的是德国空军的王牌飞行员阿道夫·加兰德和他特别忠实的朋友。

上图：德军的炸弹落向伍彻斯特机场。伍彻斯特机场甚至都不是一个军用机场，更不用说属于战斗机指挥部了——这是又一个德国情报部门工作失误的例子。

最惨重的是斯图卡大队，失去了17架飞机（在之前的两个星期里已经损失了39架）。

在派出大量飞机执行侦察任务后，凯塞林对美仁山发动了一次大规模袭击。计划中的一次协同攻击，后来变成了两次分开的袭击行动。第一次袭击由Do-17执行，第二次袭击由Ju-88执行。攻击开始后，2架Do-17立即就被皇家空军击落，另外还有2架在英吉利海峡坠毁，3架在法国境内迫降。在2架返回基地的飞机中有1架的飞行员阵亡了，年轻的飞行工程师接过操纵杆将飞机飞回了基地并用起落架正常着陆。威廉·弗雷德里希·伊尔格上士因为优异的表现而赢得了一枚骑士铁十字勋章。由Ju-88组

成的攻击机群也有2架飞机被击落。对于坎雷的袭击显得更成功一些，虽然有2架飞机被PAC防空系统击落，但是空袭仍然造成英国方面12人死亡，轰炸还摧毁了10架"飓风"式战斗机和2架"布伦海姆"飞机，还有5架"飓风"式战斗机被Bf-109击落，这些赶来的德国战斗机是为了掩护轰炸机撤退的。皇家空军的一个分区行动指挥中心也在空袭中被摧毁，备用的指挥中心设在一家商店里。电话线路遭到破坏，使分区行动指挥中心无法向战斗机指挥部的总部报告，这次事件促使皇家空军建立应急的通信系统。

随后，德国空军又袭击了福特机场、戈斯波特和托尼岛以及雷达系统设在珀林的雷达站，然而，"飓风"式战斗机和"喷火"式战斗机却在那里对参与进攻的"斯图卡"轰炸机进行了猛烈的打击，共击落16架轰炸机，以及8架护航的飞机，而自己只损失6架飞机。之后德国空军还发动了几轮攻势，不过也都没有取得什么显著的战果。

德国空军在过去的一个星期里损失了228架飞机，包括52架Bf-109，而战斗机指挥部损失的飞机总和只有105架。

右图：一架"斯图卡"俯冲式轰炸机的机组人员正在为起飞做准备。当皇家空军的"飓风"式和"喷火"式战斗机使Ju-87损失惨重后，这种飞机就此撤出了不列颠战役。

左图：上尉飞行员詹姆斯·尼克尔森。

此外，德国空军的损失还包括一位联队指挥官、几位大队指挥官和几位中队指挥官，经验丰富的军官是无法替代的。德国空军认为它已经摧毁了皇家空军多达664架飞机，另外皇家空军的44个机场中已经有11个被永久性摧毁（德里菲尔德、东彻奇、戈斯波特霍金奇、里恩索伦特、莱姆尼、曼斯顿、马尔特山米斯、朴次茅斯、罗彻斯特和坦米尔）。此外，德国空军还

下图：一架迫降后变形的第92中队的"喷火"式战斗机。遭到破坏的战斗机会接受维修，并尽快返回前线中队。

估计战斗机指挥部最多只剩下300架战斗机（而不是700架），因此得出结论，部队不需要太多休整，应该将战役继续下去。8月19日这天非常平静，战斗机指挥部损失了3架"喷火"式战斗机（都是被Ju-88和He-111击落的）。另外，海岸指挥部的一架"布伦海姆"在前往挪威执行侦察任务后再也没有返航。稍后，一架"飓风"式战斗机在与一只气球的缆绳发生碰撞后坠毁。德国空军有4架飞机被战斗机指挥部击落，另外还有5架飞机由于油料用尽，在返回法国后坠毁或严重受损。

当天，戈林下令中止由Bf-109E执行的自由追击任务并命令第3航空队的战斗机向前推进到加来，以扩大它们所能覆盖的范围。第5航空队下属的Bf-109作战单位调往英吉利海峡前线，同时为了减少军官的损失，戈林还下达命令，在拥有多名机组人员的飞机上只配备一名军官。戈林没有意识到自己应该承担的责任，相反，他对自己的战斗机指挥部进行了重大改组，解除了那些"老守卫者"的职务，将更年轻的军官提拔到这些职位上。

而皇家空军这边战斗机指挥部也借

下图：1940年8月18日，皇家空军的坎雷机场正在遭受空袭，这是从一架KG 76的道尼尔Do-17上拍摄的照片。那天，KG 76损失了6架飞机，另外还有8架飞机"蹒跚"着飞回法国的基地，飞机上载着阵亡或受伤的机组人员。

机考虑在战斗经验相对较少的情况下，如何发展自己的战术。除了发布新的指示，道丁还清楚地意识到他的搜索与救援机构的灾难性的低效率严重打击了战斗机飞行员的士气，特别是派遣部队执行拦截任务时，即使是小规模的敌军编队，只要它们不是"在大陆上空或者沿海的滑翔范围内"，飞行员们都不乐意执行此类任务。他还认为在与敌军战斗机交战时，派出的中队数量要少，而且继续将德国空军的轰炸机作为优先攻击的目标。

8月20日这天相当平静，这要感谢

下图：德国空军的梅塞施密特Bf-109正在法国海岸附近以典型的编队做低空飞行。这些飞机尽可能保持低空飞行，以防止被雷达探测到，不过这样做在战术上是有缺陷的。

糟糕的天气。战斗机指挥部只损失了2架飞机，却至少击落了7架德军飞机。在下议院，丘吉尔高度评价战斗机指挥部在交战中取得的成果。

持续的坏天气妨碍了德国人在8月21日的行动，因此战斗机指挥部只有一架"飓风"式战斗机被击落。德国空军派出许多由3架飞机组成的袭击编队，执行了很多毫无意义的空袭行动，而事实证明这些飞机极易遭到攻击。12架Ju-88和Do-17被战斗机指挥部所属的部队击落，另外还有1架被地方防空炮火击落。8月22日和23日要忙碌一些，只是损失依然很小。皇家空军在22日损失4架战斗机，而德国空军每天都损失2架飞机，另外还有一些飞机受损或是在降落时坠毁。

许多历史学家将8月24日描述成一个标志着战役的"第三阶段"开始的日子，在这天战斗机指挥部更加被刻意地确定成攻击的目标。诚然，战斗机指挥部承受的压力增加了，但事实上，空中战役的战略指导方针还是一样的，只不过是德国空军在执行袭击任务时采用了更多的技巧和更好的战术。战斗机指挥部下属的机场几个星期以来一直是德军攻击的目标，它们始终承受着沉重的打击。此外，将皇家空军的"喷火"式和"飓风"式战斗机吸引到空中也是德国空军的一项长久执行的策略。

8月24日，天气情况转好，清晨光线充足，天气晴朗，战斗机指挥部在8时30分时收到雷达系统的报告，一支大规模的袭击部队正在集结。参与袭击的是40架Do-17和担任护航的66架Bf-109E战斗机。战斗机指挥部随即集结起12个中队（大约72架飞机）来应对这次空

下图：照片展示一架"喷火"式战斗机在袭击一架梅塞施密特Bf-110时被赶走了。它看起来很真实，然而事实上这只是为了宣传的需要而拍摄的。

袭，他们发现德国护航战斗机组成的屏障密度非常高，难以实施渗透。皇家空军派出的部队中包括第264中队在内，它配备的是"无畏"式战斗机，这种飞机不适合快速出动集结（登机方式非常笨拙），而且对付先进的战斗机的能力比较差。值得关注的是当它们第一次执行完任务返航的时候全都完好无损，而执行第二次任务时，它们取得的战果更大，但运气相对前一次稍微欠缺了一些，中队损失了3架飞机，由班汉、加文、惠特利和索恩驾驶的飞机各自击落1

下图：一架梅塞施密特Bf-109的座舱。虽然Bf-109的座舱非常狭窄，但布局很合理，所有需要的按钮和操纵杆都在飞行员触手可及的地方。

架Ju-88A，而巴维尔和他的射击手马丁一起击落了1架Bf-109战斗机，而且这架被击落的飞机立即与另一架敌机发生碰撞。后来，有2架"无畏"式战斗机坠落到地上，另外还有1架被Bf-109击落。

曼斯顿再次遭受攻击，空袭非常猛烈，将它的使用能力削减到只能作为一个应急的着陆场地和加油站，霍恩彻奇和北韦尔德也遭到空袭。3个中队迎击了前往北韦尔德的德国空军袭击编队，许多轰炸机在没有投弹以前就调头返航了。只有Bf-110重型战斗机使德国空军在这次行动中付出惨重的代价，因为Bf-109由于燃料即将耗尽早就已经撤退了。随着袭击强度的增加，帕克致电临近的第12飞行大队的指挥官，希望他能为自己的机场提供紧急的战斗机掩护。而指挥官利·马洛里试图在达克斯福特上空集结起一个规模较大的编队，其结果是除了第19中队的6架"喷火"式战斗机之外，第12飞行大队的其他战斗机都没能够及时地赶到北韦尔德。这些"喷火"式战斗机是装备了航炮的MK IB型，不走运的是有4架飞机遇到了炮弹卡壳的情况，即便如此，它们依旧击落了3架Bf-110。

8月24日的另一次大规模空袭由LG 1的Ju-88执行，它们袭击了朴次茅斯，造成104名平民死亡，另外还有237人重伤。文特诺的雷达站在提供区域信息方

上图：温斯顿·丘吉尔。他很快就会成为英国首相，就在德国入侵比利时和荷兰之后一天，丘吉尔和他的秘书布伦登·布莱肯走在唐宁街上。

面依然有问题没有解决，而且第609中队的"喷火"式战斗机所在的位置海拔高度过低。它们发现自己处在距离LG 1的Ju-88机群1524米的下方，背光而且还处在防空火力的范围中。部队幸运地没有遭受损失。

8月24日夜晚，是战役开始以来德国空军首次对英国首都发起的夜间袭击，炸弹落到市中心、贝斯纳绿地、东哈姆、芬斯伯里和斯坦普尼地区，引发了严重的火灾。这些袭击并没有得到戈林的授权，他已经要求过在对大城市伦

上图："飓风"式战斗机机头上的大黄蜂符号意味着这架飞机隶属于第213中队，当不列颠战役进行到高潮的时候，这个中队部署在坦米尔。

上图：一架德国轰炸机座舱内的机组人员。飞行员将基本的飞行技能教授给其他机组人员是很普遍的，这是为了应对有一天机组人员不得不自己驾驶飞机返航的情况——有时候他们就是这么做的。

敦和利物浦袭击时要非常注意人员伤亡方面的控制，因此当他知道这一情况时非常恼火，因为他的命令没有很好地被执行。当这天的空袭终于结束时，皇家空军损失了24架飞机，至少有1架是被自己的地面防空炮火击落的，1架"布伦海姆"夜间战斗机被加拿大第1中队（RCAF）的"飓风"式战斗机击落，在这个损失数字中还包括5架"无畏"式战斗机。德国空军的损失更加惨重，至少失去30架飞机，包括16架Bf-109E战斗机。

午夜过后，刚刚起飞不久，第615中队的上尉飞行员詹姆斯·桑德斯就发现、追踪并击落1架He-111，完全没有借助雷达的帮助！这样的"猫眼"巡逻人员正逐渐成为皇家空军应对德国空军夜间轰炸的措施中越来越重要的组成部分。虽然天气很好，不过8月25日的战斗以相当缓慢的方式开始，凯塞林派出许多中队规模的编队，在英吉利海峡上空徘徊，随时准备转向北部袭击任何目

下图：德国飞行员站在梅塞施密特Bf-109的边上，等待起飞前往英格兰东南部的命令正式下达。相对来说，Bf-109战斗机的行动半径比较小。

上图：活跃而精巧的"飓风"式战斗机在公众眼中的曝光率远不及荣耀的"喷火"式战斗机。不过这种飞机在皇家空军装备的数量更多，击落敌机的数量也超过了"喷火"式战斗机。在整个不列颠战役期间，共有565架"飓风"式战斗机被击落。

标，同时让防御部队无法推测出它们的真正动向，这种状态一直持续到16时。当时，文特诺的雷达站报告有100多架参与袭击的飞机在瑟堡半岛的西部完成集结，不过后来证实，这份报告低估了机群的数量。当空袭临近威茅斯时，皇家空军的中队从埃克塞特、米德尔沃勒普、坦米尔和沃姆维尔出发了。德国的轰炸机（来自II./KG 51和II./KG 54）和战斗机（来自I./和II./ZG 2及V./LG 1）分成了3队（每队大约70架飞机），分别袭击波特兰、威茅斯和沃姆维尔，另一个来自JG 53的Bf-109E大队加入并执行护航任务。以寡敌众的皇家空军的战斗机成功地赶走了多数德国轰炸机，没有一

个目标严重受损。另一次空袭（袭击肯特）也相类似地被皇家空军瓦解，参与防御工作的部队包括第32中队。这个努力工作的作战单位失去了一名飞行员，使它的力量下降到只剩下8名飞行员，因此这个中队被命令撤退以进行休整并在阿克林顿进行重建工作。皇家空军在这天共损失了18架飞机，德国空军方面的损失数字是20架，包括7架Bf-109E战斗机。

随着德国空军轰炸伦敦，8月25日夜间至26日凌晨，轰炸机指挥部下属的作战单位也拜访了柏林。这次袭击激怒了纳粹帝国，并决定进行报复，德国将空军从原先主要的目标（摧毁战斗机指挥部）上调开，执行了许多毫无效果的轰炸伦敦的行动。很多人将这次空袭目

下图："喷火"式战斗机为了航空部的航拍员的拍摄需要而采用梯队飞行的编队模式。1940年7—10月，共有747架"喷火"式战斗机装备到战斗机指挥部下属部队，共损失361架。

标上的转移归结为不列颠战役的转折点。目标的转变并没有立即显现出来，虽然第3航空队将接下来3个星期的任务侧重点转移到夜间袭击工业中心上。8月26日，这个航空队执行了最后一次在白天进行的袭击任务。自那以后，针对战斗机指挥部所付出的努力变得小得多。

8月26日德国空军的行动模式与之前的一样，不过这次第11飞行大队位于美仁山和坎雷的分区基地成为攻击目标。从坎雷起飞并分成2组的第616中队处境特别困难，他们遭遇了一支由80架Bf-109E组成的敌机编队，损失了6架飞机。第246中队的"无畏"式战斗机也加入战团，结果损失3架飞机，3名飞行员和1名射击手幸存下来参加了第二天的

上图：1940年年初，在法国拍摄到的第1中队的飞行员们的照片。第1中队是皇家空军先头攻击部队中战斗机作战单位的组成部分之一，属于这种类型的作战单位还有第73中队。

战斗。中队声称击落6架Do-17（根据战后的研究确定，他们击落了至少3架Do-17），有1架飞机（飞行员是爱德华·索恩军士，射击手是弗雷德里克·巴克

超级航海公司"喷火"式战斗机

许多年来，"喷火"式战斗机一直被视为赢得了不列颠战役胜利的飞机，它毫无争议的是皇家空军在1940年时最好的战斗机。尽管它的火力较轻，一台引擎在倒飞时还可能停止工作，但总体性能依然超越了德国空军的Bf-109战斗机。

技术参数

乘　　员：	1人
最高时速：	580千米/小时
最大航程：	637千米
武　　器：	8挺7.7毫米口径机枪
产　　地：	英国

大联队

在不列颠战役期间，皇家空军的战斗机飞行员常常发现自己以寡敌众。这并没有特别值得惊奇的地方——德国空军在多数情况下采用大队（30～40架飞机）作为标准行动单位，而皇家空军则通常以中队（9～12架飞机）为单位参与行动，甚至有时使用由6架飞机组成的编队。

参与单次交战的飞机数量越多，损失也会越大。道丁和帕克清楚地意识到他们必须小心地应对这场游戏，使用战斗机阻止敌方轰炸机击中它们的目标，同时还要避免战斗机与战斗机之间的空战。因此帕克在使用战斗机时极为吝啬，试图达到损失最小收获最大的效果，而且尽可能避开Bf-109E战斗机。帕克并不是武断地反对大量使用战斗机，但是他觉得用小编队快速地拦截敌机要比缓慢地集结整支部队，然后太迟到达收到的效果要好得多——经验证明集结起一支由3个中队组成的大联队要比集结2个中队多花费一倍时间。

不列颠战役中的大部分战斗在第11飞行大队管辖的地区上空进行，不过第11飞行大队的指挥官基斯·帕克在需要的时候会召唤临近飞行大队的战斗机参与战斗。第10飞行大队的指挥官布兰德会派出任何帕克需要的部队，而当帕克向利·马洛里——第12飞行大队的指挥官提出要求的时候，事情永远都不会那么简单。

利·马洛里常常表现出愤怒的样子，因为帕克有的时候似乎将不列颠战役当作一场纯粹的第11飞行大队的战争。"大联队"为利·马洛里提供了提高他指挥的飞行大队的影响力的机会。利·马洛里希望使用整个"大联队"来获得当地的制空权，并尽可能击落更多数量的敌机。然而地理位置决定了不列颠战役基本上就是一场第11飞行大队的战争，而帕克也有理由指望临近的飞行大队在必要的时候支援他。

显然利·马洛里和他的第12飞行大队并没能做到。很多时候，当帕克要求利·马洛里派出1～2个中队保护他的机场抗击即将到来的袭击部队时，利·马洛里要花时间集结他的"大联队"，不可避免地到达现场太晚，有的时候则根本没有派出部队。当部队真的到达的时候，又造成相当大的混乱，观察站报告发现了意料之外的飞行编队，第11飞行大队有时不得不派出自己的战斗机前往调查。

帕克最终向第12飞行大队提出五点要求：1）向指定的地方、指定的高度派出飞机；2）只有在需要的时候派出战斗机；3）第12飞行大队要通知指挥部中队的去向；4）在没有通知控制人员的情况下中队不得改变巡逻路线；5）如果要求2个中队进行支援，不得将时间浪费在集结5个中队的"大联队"上。

"大联队"模式的支持者们抱怨帕克很少提供充分的预警时间，而且声称"大联队"取得了巨大的成功。事实上"大联队"下属的许多中队在独立行动时证明它们的实力很弱，射击技术、导航和战术能力都很欠缺——不过它们的飞行员在编队飞行方面的技术确实很不错！"大联队"的支持者们宣称的成功往往是基于部队自己申报的数字，而当时这样的数字已经被夸大到惊人的地步！

上图：KG 30"鹰"联队的容克Ju-88飞机，它在北安普顿附近被击落。在1940年8月15日第5航空队对英格兰北部发动的空袭中，KG 30损失惨重。

尔）还击落了一架Bf-109E，当时这架德军飞机正准备迫降，而这架飞机被误算成2架道尼尔。

德国空军在发动一次将目标锁定为德普顿和霍恩彻奇的空袭时遇到的麻烦

下图：第12飞行大队的战斗机正在集结成一个"大联队"，在时间有限的情况下，这种战术的价值有待商榷。

更多。位于坎纽顿的雷达站将实际参与这次袭击的敌机数量估计得过高，结果战斗机指挥部集结起下属的所有可以使用的战斗机。护航的Bf-109E战斗机由于作战半径有限，不得不避免交战，调转方向返航，而轰炸机则直接冲进了科彻斯特的防空火力网中，结果只有6架道尼尔轰炸机对德普顿实施了轰炸。剩下的飞机遭遇差不多7个中队的"喷火"式和"飓风"式战斗机，被迫调头逃跑，同时也放弃了攻击霍恩彻奇的计划。对于皇家空军来说唯一主要的问题是在第11飞行大队已经要求第12飞行大队为其保卫机场时，后者又一次没有付诸行动，这样德普顿就完全得不到战斗机的保护。

加拿大的第1中队和捷克的第310中队现在也都加入了战斗，每个作战单位都损失了3架飞机，但捷克中队也击落了3架敌机，平衡了损失。在星期一的战斗中，皇家空军失去28架飞机，而德国空军损失33架飞机，其中包括14架Bf-109E。

8月27日相当平静，低矮的云层和蒙蒙细雨造成了这种情况，交战双方都抓住这个机会评估各自的战术。道丁终于将疲惫不堪的第65中队从前线撤走，让他们休息，随后在彻奇芬顿进一步训练。在这天的战斗中战斗机指挥部失去1架"喷火"式战斗机（被1架Ju-88击

下图：第264中队的伯尔顿－保罗"无畏"式飞机。1940年5月，这个作战单位在敦刻尔克上空取得了不少战绩，不过在不列颠战役期间于白天进行的行动中，这个中队的损失惨重。

落），击落3架德国空军的飞机。

随着第3航空队将它下属的轰炸机从战斗中撤出，德国空军在第11飞行大队的区域中实施的空袭的力度全面下降。8月28日，对战斗机指挥部来说是行动相当密集的一天，还发生了几件不寻常的事。第264中队配备的12架"无畏"式飞机在这天损失了4架（由于战斗中的损伤，还有5架停在地面无法使用），他们的一名射击手在跳伞的过程中被打死。接下来德国空军短暂地采用了自由追击战术，一小队皇家空军的战斗机发现自己召来了大约60架Bf-110和80架Bf-109E。结果防御的一方损失了5架飞机，但也击落了攻击方6架飞机。战斗机对战斗机的交战正是战斗机指挥部试图竭力避免的，不过当天被击落的18架德国空军的飞机中包括14架Bf-109E战斗机

是对皇家空军在这天失去18架飞机（13架是"喷火"式或"飓风"式战斗机）的一点儿小小的补偿。

8月28日深夜至8月29日凌晨，3个德国空军的航空队加强了夜间空袭的力度，一般他们都跟在KG 100专门的"探

下图：一名德国轰炸机飞行员在座舱内看到的外面的情形。道尼尔Do-17的玻璃结构机头提供了良好的视野，不过当敌方发起迎面攻击时，机组人员会变得相当脆弱。

上图：编队飞行的容克Ju-88A-4飞机。机身顶部闪光的是EZ-6定向仪的保护罩。保护罩由半透明的树脂玻璃和强化金属条制成。

路者"后面，战斗机指挥部要打击它们显得相当困难。伯明翰、伯恩茅斯、布里斯托尔、考文垂、德比、利物浦、曼彻斯特和谢菲尔德都遭到攻击，空袭造成覆盖范围广大的破坏和相对较为严重的人员伤亡。"布伦海姆"夜间战斗机没有与敌机发生一次交战。第二天很平静，这让道丁有机会把第264和第615中队从前线撤下来，并指派第222和第253中队顶替它们的位置。凯塞林试图将皇家空军的战斗机引入空中予以歼灭的努

力并没有获得多少成果，随后他在傍晚下令发动了两次自由追击行动。8月29日，皇家空军损失9架战斗机，击落德军10架飞机，其中有8架是Bf-109E。

除了激烈程度，不列颠战役在8月30日时确实进入了一个新的阶段，德国空军为了他们被告知的即将到来的登陆战而发动了全力以赴的攻势，旨在登陆开始前消灭战斗机指挥部。在一些小规模试探性的袭击过后，凯塞林对肯特发动了3波大规模袭击。皇家空军对德军的第一波由60架Bf-109E发起的攻击未予理睬，但是当第二波由70架轰炸机、30架重型战斗机和另外60架Bf-109E战斗机组成的编队实施的攻击来临时，皇家空军的飞机升空迎敌。到11时45分，帕克手中所有中队的飞机都已经升空，其中的10个中队已经开始行动，他打电话给第12飞行大队，要求他们帮助守卫他的机场。令人吃惊的是利·马洛里及时作出了反应，可是当第12中队肩负着保卫美仁山的任务时，他们甚至没有看见一小

下图：一架采用伪装色的梅塞施密特Bf-109战斗机，这是为了使这种飞机能够避开皇家空军的侦察机。德国空军的多数战斗机基地都很靠近海岸线，因为Bf-109的航程相对较短。

队从他们的鼻子底下经过前往袭击机场的Ju-88。

这天早些时候的行动显示出新近到达的"替换"中队的一些不足，他们似乎不会使用那些被实战经验更丰富的作战单位修正后的战术。第222中队在进行空战时依旧保持紧密的队形，在编队的后方还跟着一架飞机，它立即就被击落了，中队在这天的战斗中失去了8架"喷火"式战斗机（只有一名飞行员阵亡）。帕克早就已经抱怨过（在8月26日）派给他作为替换的作战单位的训练水平参差不齐。他觉得第13飞行大队总是在英格兰南部的激烈空战中派出它最好的作战单位，而认为利·马洛里总是把持着那些顶级飞行员。帕克指出第13飞行大队派来的2个中队已经击落43架敌机，而自己只损失4架飞机，可是第12飞行大队派来的3个中队只击落17架敌机，自己也损失了13架飞机。

他对第616中队的表现特别失望，坎雷分区的指挥官建议基于这个中队的"低战斗效率"，应该把它调回第12飞行大队。帕克提出要求，由第10或者第13飞行大队向他派遣部队——"如果第12飞行大队无法腾出一支有战斗经验的中队的话。"

在下一波攻击到来前，战斗机指挥部几乎没有获得喘息的机会，由于德军在当天早晨一次幸运的攻击中击中了主

上图：1940年，在达克斯福特的第19中队的"喷火"式战斗机。这个中队多数时间散布在福尔米尔机场，1940年8月，从那里起飞的作战飞机摧毁了许多参与空袭的德国轰炸机。

要的供电网络，使两套雷达系统位于海滩岬、多佛尔、费尔莱特、福尔尼斯、佩文塞、莱和怀特斯德堡的所有雷达站都无法继续工作，而且道丁只剩下5个中队对付敌军。当凯塞林的第二波攻势

下图：1940年8月15日，在德国空军袭击了机场后，位于米德尔沃勒普的第600中队的成员的照片。第600中队配备了"布伦海姆"IF型飞机，负责执行夜间防御任务。

下图：1940年8月31日，在德国空军袭击了霍恩彻奇后，第54中队的一架"喷火"式战斗机。在跑道上起飞后爬升了不足30米，这架飞机就坠毁了，但飞行员——飞行编队指挥官阿尔·戴尔成功逃生，只受了一点轻伤。

终于结束时，第三波攻势紧跟着就开始了，这轮攻击集中力量打击战斗机指挥部位于美仁山、坎雷和北韦尔德的机场以及位于卢顿、牛津、雷德尔特（汉德雷佩济）和斯洛的工厂。由于美仁山被破坏得非常严重，这个分区的控制转到了霍恩彻奇。

下图：III./JG 27的欧伯尔特·奥柯瑟姆在1940年8月30日从俘虏他的人手中接过水来喝，并开始了他被迫留在英国的日子。奥柯瑟姆驾驶的Bf-109E-1是在肯特上空进行的战斗中被击落的。

第3航空队持续发动攻击，直到黑夜来临，德国空军遇到的抵抗并不强，它还对利物浦发动了一次由130架飞机组成的空袭。当天战斗机指挥部出动1050架次飞机（不列颠战役的一项纪录），在战斗中损失21架飞机，摧毁德军36架飞机，包括16架Bf-109战斗机。

尽管损失严重，德国空军在8月31日继续发动猛烈的空袭，迫使战斗机指挥部作为回应出动978架次飞机（不列颠战役期间排在第3位的记录）。战斗中，战斗机指挥部损失了38架飞机，由于现在多数空战在陆地上空进行，飞行员阵亡的数量大幅度下降。尽管如此，当天指挥部还是有8名飞行员阵亡。快到9月1日时，一名飞行员在跳伞的过程中被击中身亡。德国空军的损失同样沉重，战斗中共损失38架飞机，包括21架Bf-109E，另外有12名单座战斗机的飞行员阵亡或失踪。

9月1日，德国空军以Bf-109E发动的自由追击行动拉开了一天战斗的序幕，加拿大的第1中队在还没有收到召回的命令前就与德国空军遭遇。在短暂的接触中，3名缺乏经验的加拿大飞行员驾驶的飞机被击落。除此之外，Bf-109E没有遭遇更进一步的抵抗，它们穿过多佛尔返回基地，途中摧毁了城镇上空每一个单独的阻塞气球。另外一次空袭发生在北韦尔德，轰炸机的护航部队表现得比皇家空军派出拦截它们的战斗机中队好。另一个由Do-17和Bf-109E组成的编队遇上"三合一"的拦截，这些

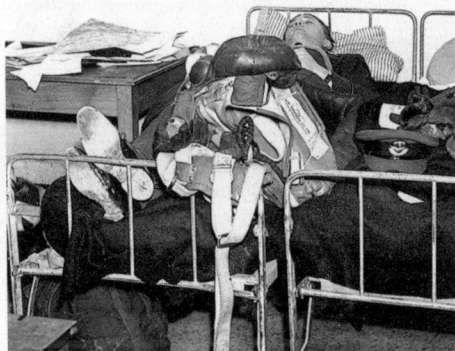

上图：一名正在待命的飞行员在机组人员的休息室中抓紧时间睡觉。在战役进行到最激烈的阶段，飞行员们太疲劳了，对于"集结"命令他们会作出机械的反应，而事实上他们在飞机的座舱内才会醒来。

英国飞机采用它们标志性的一字排开的编队方式，一边开火，一边迎着敌机冲了过去，德国的轰炸机匆匆扔掉炸弹撤退了。

德国空军袭击了多处英军机场，包括克罗伊登、德普顿、达特林、东彻奇、霍恩彻奇和美仁山（它的电话系统

下图：在袭击过后，全体人员出动，填平弹坑。除了曼斯顿，几乎每个机场都能在几个小时内恢复使用。

上图：德国空军的地勤人员正在为一架梅塞施密特Bf-110飞机重新装填子弹。

左图：德国空军的地勤人员。他们与皇家空军一样努力工作，尽可能快地为飞机添加燃料并对机械进行调校工作。

在前一天的空袭中被破坏，刚刚修复，在这次空袭中又被破坏）。第210快速轰炸航空大队又重新开始实施它那特殊的小规模编队的袭击战术，目标是两套雷达系统位于肯特和苏塞克斯境内的雷达站。有几座雷达站遭到破坏，但是到这天结束的时候，这些雷达站又都恢复了工作。这种攻击本来是应该持续下去的，如果一个星期持续不断地袭击雷达系统，就能够让其完全瘫痪，把战斗机指挥部变成瞎子，然而德国空军从来也不会跟进那些已经成功的空袭行动，它的轰炸战役在目标确定方面总是有些随意。

到8月底，战斗机指挥部拥有的46位中队指挥官中已经失去了11位，他们不是阵亡就是严重受伤，在96位飞行编队指挥官中也损失了36人。其他一些指挥官和他们所属的部队也由于疲劳和战斗消耗而从前线撤了回来。另外还有2个作战单位——第56中队（只剩下7架飞机）和第151中队（只剩下10架飞机和12名飞行员）都已经失去了各自的指挥官，9月1日它们从前线调回。要不是为了在前线保持一些作战经验丰富的中队，道丁一定会把更多的中队调回来。一些留在前线的作战单位的力量已经下降到危险的程度，在接下来的一个星期中保留下来能够执行任务的飞机也有一半被摧毁——第85中队在4天时间内损失了9架飞机，而9月1日又损失了6架。

美仁山在9月1日再次成为德军袭击的目标（当天遭到两次攻击），在第二次袭击中，分区指挥部被破坏，电话线路和输电线路又一次被破坏。电力和邮政的工程师们成功地搭建起临时的线路，并将指挥部设在当地村庄的一家商店里。到这天结束的时候，战斗机指挥部在交战中损失13架飞机（由于记录不完整，德国空军的损失很难评估）。德国空军发布了"行动参谋部1A号指令"，要求全力以赴发动对英国飞机制造厂的攻击，以防止前线作战部队得到替换的飞机。

戈林终于出现在法国（而不是在他位于东普鲁士的卡林霍尔的指挥部），直接接过了德国空军空中战役的指挥权，对于下属他选择性地严厉批评或是毫不吝惜褒奖之辞，有的时候他因为愤怒而颤抖，而有的时候又充满了幽默感。在与他的战斗机指挥官们召开的一次会议上，戈林的态度看起来几乎有些精神分裂——对于战斗机未能保护好"他"的轰炸机一事大发雷霆，随后又表现出对他们感到满意，并关心起他们的需要来。不过会议是以一种别扭的味道结束的，因为就在散会前，当阿道夫·

加兰德被问及有什么需要时，他作出了真实的回答："一个中队的'喷火'式战斗机！"

9月2日，德国空军对英格兰发动了差不多1000架次的空袭，基本上按照4个阶段进行。第一波空袭的目标是美仁山、东彻奇、北韦尔德和洛克福特，空袭过程中遭到皇家空军派出的相对来说规模较小的战斗机编队的拦截，它们主要是根据战斗机指挥部的战术在分区机场上空巡逻的战斗机。多佛尔是第二轮空袭的目标，但行动被防御方破坏。最后两轮空袭又将主要目标定在战斗机指挥部的机场，特别是美仁山、布鲁克林（目标是位于霍克的组装厂，而不是附近的"维克斯"生产厂）、达特林和坎雷。德国的飞机编队出发时，还在特别高的高空安排了额外的护航编队，这些

下图：一组英国的防空火炮正在密切关注空袭者的到来。防空炮火击落的德军飞机数量相对很少，直到雷达控制的瞄准设备和安装了感应引信的炮弹出现后，这种情况才有所改观。

上图：1940年8月18日，一架道尼尔Do-17栽向地面的最后一幕。

飞机常常为那些没有意识到它们存在的皇家空军战斗机设置陷阱。"注意阳光下的破坏者"成为一句经常提到的用于提起警示的暗语。到这天结束的时候，战斗机指挥部在交战中损失18架战斗机（更多是由于事故或是停在地面遭到轰炸），而这天的行动使德国空军损失27架飞机，包括15架Bf-109E。

9月3日，战斗机指挥部在作战部署方面作出了更多调整。第85中队（行动力量下降到8架飞机和11名飞行员）最终撤离前线，与此同时，第504中队和第616中队则回到北方，取代来自凯特里克和坎雷的第41和第66中队，"三合一"从德普顿调往克罗伊登。当星期二德国空军的第一轮攻击编队被证实全部由战斗机组成时，3个集结起来的中队得到命令，避免与德军交战，而是撤出战场前往北方。德国飞机发起的第二轮袭击轰

炸了北韦尔德，虽然第12飞行大队接受了第11飞行大队提出的要求，可是机场还是没有守备力量。当轰炸机和它们的护航战斗机撤退时，皇家空军的战斗机（来自第1、17、46、249、257、310和603中队）到达现场，与德国空军展开了一场激烈的空战，特别是与Bf-110的战斗取得了令人吃惊的战果。第19中队也加入战斗，并带着8架装备航炮的"喷火"式战斗机，当6架飞机的航炮发生卡壳的情况后，这个中队不得不撤出战场。第25中队的情况也不好，它所属的2架飞机被第46中队击落，后者将返航的"布伦海姆"误认为德国空军的Ju-88。虽然开局有些糟糕，但是第25中队在傍晚的时候运气转好了，一架飞机在攻击德军轰炸机的时候被对方的反击火力击中，但它成功地返回基地，而且另一架由少尉飞行员迈克尔·赫里克（射击手是军士约翰·普尔）驾驶的飞机击落2架敌机。这是一项令人吃惊的成绩，因为"布伦海姆"夜间战斗机装备的AI雷达不可靠而且变化无常。战斗机指挥部在星期二的交战中共损失18架飞机（包括"布伦海姆"），他们在战斗中击落了14架敌机，其中3架是Bf-109E。

9月4日清晨德国空军以常规的方式袭击了肯特机场，然而主要的攻势却集中在莱姆尼和东彻奇。参与第二波攻击的包括一支由大约70架He-111和Do-17

组成的轰炸机编队，以及一支超过200架Bf-109E组成的护航部队。它们攻击了许多目标，但这支部队的主要目的是吸引皇家空军的注意力，以确保20架来自V（Z）/LG 1的Bf-110顺利地袭击布鲁克林。攻击编队在前往目标的途中被"飓风"式战斗机击落6架飞机后，幸存下来的飞机将炸弹投到"维克斯"的生产厂，而不是霍克的工厂，随后返航。战斗机指挥部在交战中损失16架飞机（一架是被自己的防空炮火击落的，一名飞行员在跳伞时被击中身亡）。而德国空军的战斗损失是20架飞机，包括4架Bf-109E战斗机。

9月5日发生的空战并没有一定的模式可寻。凯塞林在8个小时内发动了22次独立的空袭。这天是装备4门航炮的"飓风"式战斗机首次出战（由第46中队的亚历山大·拉巴戈里亚蒂驾驶），它能够造成破坏性的效果，是对付战斗机装甲的最好办法。这天夜里，FIU首次在巡逻时使用"英俊战士"飞机，虽然它的AI雷达出现故障无法使用，但它还是安全地完成降落。德国空军的轰炸机成功地袭击了英军在泰晤谢文的燃料库，引发了大火，这是对重点目标实施攻击取得的显著的成功之一。9月5日，德国空军击落22架皇家空军的战斗机，德国方面也损失20架飞机，其中包括16架Bf-109E。

9月6日，空袭以相同的方式持续着，一支大规模的德国部队袭击了泰晤谢文，他们刻意从3658米高度切入，事实上就在由前一天的袭击而引发的大火中展开的攻击。参与空袭的甚至还包括了一个独立的"斯图卡"轰炸机中队，它后来安全地撤离了现场，设在北韦尔德的雷达站的指挥官维克多·比米什声

下图：一架亨克尔He-111H。这种被广泛使用的亨克尔系列中的机型配备了2台1500马力的容克久茂211型引擎。He-111H共生产了6150架。

称皇家空军"可能"击落了2架Ju-87。在这一天当中，皇家空军有25架战斗机被击落，13架德国空军的轰炸机和重型战斗机被英军的地面防空炮火和战斗机击落，另外，战斗机指挥部下属部队还击落20架Bf-109E。波兰人的损失特别沉重，5架飞机被击落，还有2名飞行员负伤。

随着战斗机对战斗机的较量不断继续，双方的损失都到了临界点。皇家空军开始发现很难再弥补人员方面的损失，在消耗方面所承受的压力也可能比

下图："无畏"式中队的飞行员和射击手们离开停放飞机的地方。1940年7月19日，在这个中队首次也是最后一次与敌人在白天的遭遇战中，第141中队派出了9架"无畏"式飞机，有6架在英吉利海峡上空被击落。

德国空军大（或者说难以维持下去）。有些人认为第11飞行大队需要整体从作战地区替换下来，用经验较欠缺的新的作战单位替代它们，有些人甚至开始谈论从伦敦南部的机场撤军。另一方面，德国空军的战斗机飞行员终于意识到他们过去的估计过于乐观，他们的对手现在依然拥有相当强的作战能力。与此同时，德军战斗机部队的损失也在增加，只能从其他部队抽调一些明星飞行员，而那些德国空军中相对不具备特权的组成部分（例如，重型战斗机和"斯图卡"轰炸机部队）则明显地已经到了危急关头。

5

转折：9月7日-10月31日

不列颠战役从1940年9月7日起发生了转变，因为战役的重点从直接袭击战斗机指挥部下属的机场以及为其生产飞机的工厂上转移了。这种在目标选定方面的改变受到戈林的驱使，并得到凯塞林的支持，他们认为袭击机场的战役已经达到了目的，觉得战斗机指挥部已经被解决了。对此施佩勒强烈反对，他

认为战斗机指挥部大约还剩下1000架飞机，并希望继续打击第11飞行大队管辖区域内的机场。但他的要求被驳回了。

将袭击目标定位在伦敦的决定是一个错误，它标志着德国空军的指导方针发生了本质性的变化。德国空军认为自己的目标依然是摧毁战斗机指挥部，将伦敦作为目标仅仅是目标选择的表面上

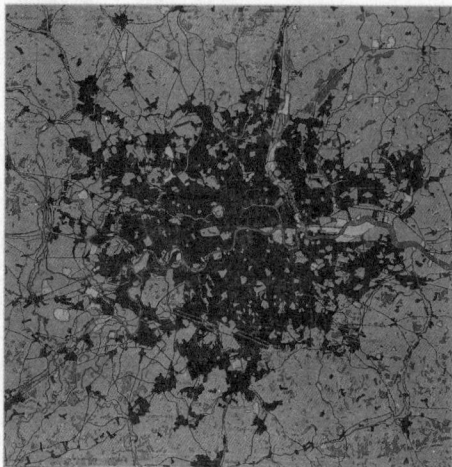

上图：德国空军关于伦敦地区的地图。对英国首都发动的袭击旨在摧毁伦敦和威斯敏斯特地区附近的所有港口，据推测战争将在那里首先开始。

下图：在码头区域的一个防空掩体中，空袭看守人正在记录这个地区发生的空袭情况。伦敦的每个区都要负责各自区内的无家可归的人员。

的变化，觉得这样更容易把战斗机指挥部的作战飞机吸引到空中，予以歼灭。然而，事实上引用一句德国军官的话来说就是"我们的袭击目标变成了只有一个，这让战斗机指挥部可以抵御一切攻击"。但这至少是戈林的方式，这种方式也为报复轰炸机指挥部在8月25日实施的对柏林的轰炸提供了一个机会。伦敦确实是一个至关重要的目标。它是欧洲最大的城市，又是一个国家的首都，首都的地位是至高无上的。它还是英国的金融中心，是一个主要的工业和海港城市，政府和国王的所在地。这是一个诱人的目标，对于这点没有人怀疑。

就在戈林重新考虑他的战役计划时，道丁也在调整他的战术思维，并对他的部队进行结构重组。巧合的是，当战役新的阶段开始时，道丁对他的中队的重新安排起到了效果。从那时起，第11飞行大队下属的在前线的中队被归类成A级中队，帕克可以要求第10和第12飞行大队下属的这类中队支援他的大队。B级中队则齐装满员，随时准备听从调遣执行任务，但是它们的飞行员可能缺乏战斗经验或者正处于疲劳状态。最后是C级中队，指的是那些遭受过重创，正在进行休整和重新装备的中队。这些作战单位中战斗经验丰富的幸存者（一旦他们能够待命）会被挑选出来取代高级别中队里阵亡或负伤的飞行员。

这切断了飞行员个人与他所在的原中队的联系，却能够保证新组建的中队拥有由战斗经验丰富的老兵组成的核心力量。与此同时，基斯·帕克还命令他的指挥官和飞行员们从今以后服从来自大队的飞行高度的命令，不允许个人擅自更改大队给出的关于海拔高度的指示。他这样做是为了确保爬升中的战斗机编队不会在它们的目标下方出现，但是这种做法会造成时间上的延迟，而且有些时候意味着皇家空军的战斗机要与德国空军的护航飞机交战，而不是轰炸机，因为通常德国的战斗机会飞得略微低一些。

似乎是为了迷惑战斗机指挥部，德国空军以与以往完全相同方式开始了9月7日的行动，派出许多飞机执行侦察任务，但自那以后，英军雷达系统的屏幕上就只剩下空白，格子图表上也是一无所有。长时间的停滞看起来像是不祥的预兆。航空部早就已经发布了"1号入侵警讯"（意思是进攻即将来临），而此前从来也没有发布过2号和3号警讯（指攻击会在2天和3天内到来）。

根据历史记载，第一个实施空袭的机群的图像在15时54分出现在本特利普莱奥利的格子图表上，在短短的几分钟时间里，几百个飞机标识图像出现在格子图表上。事实上戈林出动了KG 1、KG 2、KG 3、KG 26和KG 76的全部力量，同时JG 2、JG 3、JG 51、JG 52、JG 54、L./JG 77和L./以及II./LG 2也派出了各自的Bf-109E战斗机，ZG 2则派出它的

下图：正在飞往伦敦的亨克尔He-111轰炸机。这张照片清楚地展示出He-111背部和腹部的炮塔。它们装备了7.9毫米MG 15机枪。

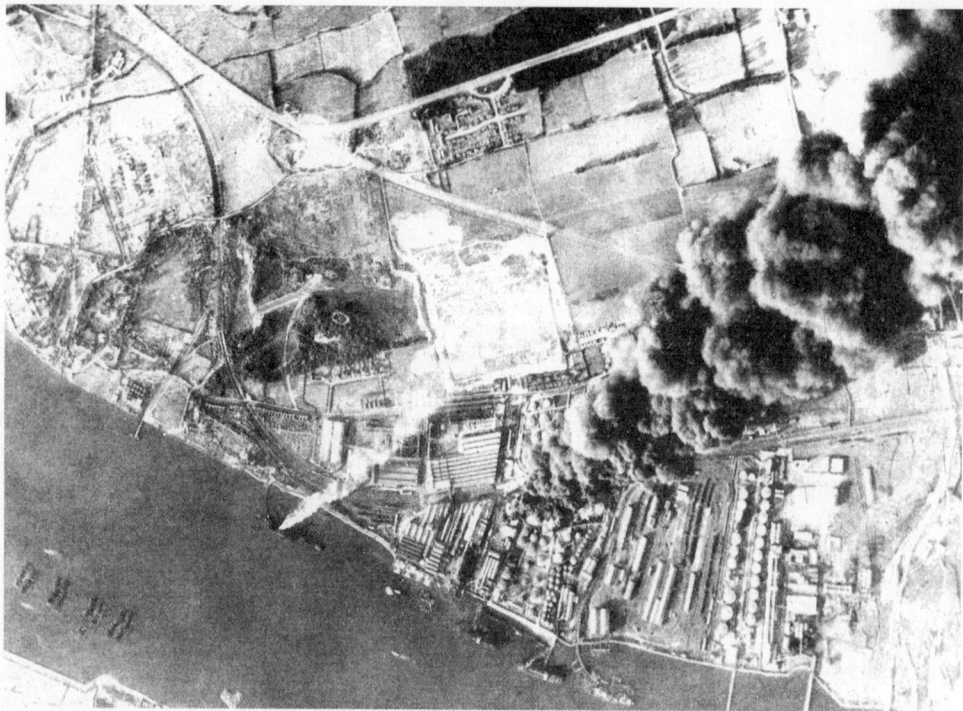

上图：浓烟从下方位于普福里特的储油罐中冒出，这是1940年9月7日德国空军首次实施大规模袭击时的情景。

Bf-110。这支庞大的空中舰队包括965架作战飞机，排列在4628～7010米的空中，战线绵延32.2千米。道丁和帕克准确地推测出只有伦敦才可以成为这么一支庞大部队的目标，16时17分，11个战斗机中队受命升空，到16时30分已经有21个作战单位进入空中。所有可以出动的战斗机都火速赶往首都，完全放弃它们自己的机场的防御。虽然英国的战斗机在数量上还是远远不及德国的护航战斗机，但是它们勇猛地冲进了敌人的机群，展开攻击。虽然德国的轰炸机瞄准的是码头，然而它们投下的炸弹落到了范围很广的区域内，从西部的肯兴顿一直到东部，但投弹地区主要还是集中在东部，对排列密集的工人居住的房屋造成的破坏与对码头造成的差不多，煤气厂和发电厂也被击中。德国空军的轰炸机随后掉头返航，到17时45分所有空袭部队都完成了撤退工作，只不过各个编队间撤退的时间存在差异。

当伦敦上空的飞机全部离开后，消防员接过了战斗的任务，他们带着坚定的决心同蔓延开来的火势展开了一场殊死的搏斗。他们要扑灭的大火包括燃烧

上图：在一次夜间空袭过后，燃烧的煤气道造成10米高的火焰，照亮了伦敦的一处街道。照片上的沥青马路和右侧的房屋也已经开始燃烧。

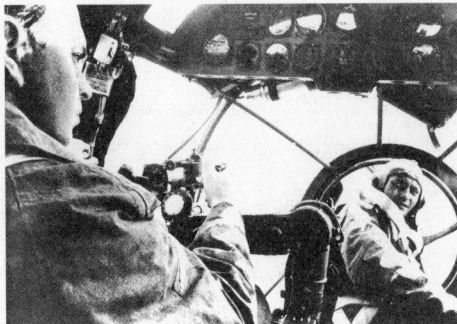

上图：在一架亨克尔He-111轰炸机中拍摄的飞行员和前射击手的照片。巨大的玻璃结构的机头为射击手测定目标或敌方的战斗机距离提供了良好的视野。

在萨里码头，这场火灾实在太大，无法对其评级，只能说这场火灾需要300台水泵。

大约在20时10分，另一波攻击由380架轰炸机发起，它们开始倾泻下数以吨

下图：在一次空袭过后，工作人员正在清理瓦砾，搜寻幸存者。延时爆炸的炸弹会造成巨大损失，对于救援人员来说，这种炸弹是永远都存在的威胁。

着的建筑、古老街道的木质地面设施，甚至是泰晤士河的河面（河上漂浮着正在燃烧的呈液态的糖），还要与存放着油漆、油料和弹药的库房发生的可怕的爆炸和大火抗争。然而并不仅仅是那些显而易见的危险物质会发生爆炸——面粉和胡椒粉也同样危险，而且大火能够独自维系下去，它会从周围的街区吸收氧气。燃烧着的残骸像稻草一样被抛入空中，随后在它们落下的任何地方引发新的火灾。伦敦的消防队将需要30台水泵的火灾定级为"重大"火灾，而9月7日傍晚，伦敦的消防队要应付9场被官方定级为"特大"的火灾，每场这样的火灾至少需要100台水泵。最大的火灾发生

道尼尔Do-17

道尼尔的Do-17轰炸机是德国空军在不列颠战役期间部署的数量最少的一种轰炸机，不过有些人认为它是最有效的一种，这个时期的大多数德国飞机在设计伊始就准备作为军用飞机使用，只是最初都是采用民用的身份作为掩护——伪装成航线班机或高速邮政飞机。而Do-17则恰恰相反，它在设计时确实是按照高速邮政飞机的使用来考虑的，机头的驾驶舱和机翼后方的乘员舱都很狭小，乘员舱只能容纳6个人，而且进出很不方便。这点被意识到得太晚，3架已经生产出来的样机被保存起来，它们一直被留在那儿直到有一天一名好奇的RLM测试飞行员发现了它们，他驾驶其中的一架进行测试飞行，结果这种飞机的表现给他留下了深刻的印象，并建议将它改装成一种高速轰炸机。

Do-17从1937年开始服役，在西班牙与"兀鹰"军团一同战斗。Do-17F-1是一种侦察机，装备2部RB50／18或RB50／30照相机。

Do-17E和Do-17F后来被与之类似的Do-17M和Do-17P取代，Do-17M和Do-17P分别是Do-17系列中的轰炸机和侦察机种，与早先机型的区别在于它们使用900马力的布拉莫法弗利尔323A或宝马132N引擎，取代了最初使用的内置式DB600。新的引擎略微提升了飞机的最高时速，使其超过480千米／小时。在战争初期，使用DB600的型号依然在有限的范围使用，不过当不列颠战役开始后，所有这种型号的Do-17都从前线部队消失了。5月10日，德国空军中有188架Do-17M和Do-17P可以使用，另外还有338架经过进一步改进的Do-17Z。

Do-17Z在生产时使用功率更大（1000马力）的布拉莫232P星型引擎，具有二级增压能力。非常明显的是，飞机的机身前部重新进行了设计，变得更深、更宽敞，机身下方增加了一个非常大的类似于吊舱的结构。这种结构最初在Do-17S（只是在试生产的时候采用过，而且使这种飞机看起来更像Ju-88。它可以搭载的乘员数量上升到5人，但载弹量依然略显不足，只有2200磅。进攻武器则增加到6挺7.9毫米口径机枪，一挺固定，一挺向前，机身背部和腹部各有一挺能够自由射击的机枪，另外两侧的舷窗还各设置了一挺机枪。这些武器都是单独设置的，射击的区域都相对有限。与"威灵顿"和"布伦海姆"这样的采用多挺机枪组合的炮塔形式的机型相比，Do-17的武器只能作为最后一道防御屏障。尽管如此，在不列

技术参数

乘　　员：	4人
最高时速：	410千米／小时
最大航程：	1500千米
武　　器：	4至8挺7.92毫米口径机枪
产　　地：	德国

颠战役期间这种飞机却击落了数量惊人的皇家空军的战斗机，这些被击落的飞机要么是发动攻击的距离过于接近，要么是攻击性过强，没有能够及时拉开足够的距离。Do-17U基本上是新的飞机机头和Do-17M使

用的引擎结合在一起的混合物。制造出来的15架飞机被第100轰炸大队用来专门执行探路者的任务，飞机上还另外安排了一名报务员。

计的燃烧弹。城区有306名平民在轰炸中身亡，有1337人受重伤，而郊区也有142人身亡。首都的上空弥漫着浓密的烟雾，火焰在四处肆虐。

在这一天中，战斗机指挥部也付出了高昂的代价，损失15架"喷火"式战斗机（4名飞行员阵亡）和17架"飓风"式战斗机（7名飞行员阵亡）。德国空军则损失了38架飞机，包括14架Bf-109战斗机。消耗方面的平衡与之前的几周并没有什么区别，但是随着战役的继续，这点也发生了变化，对于伦敦的持续冲击很快就变得会使攻击者付出比防御者高昂得多的代价。对于伦敦的闪击战一直持续到不列颠战役结束，整个过程使德国空军消耗殆尽。空袭连续进行了76个夜晚，只有一天例外。那是11月2日，由于天气过于糟糕，德国轰炸机无法执行任务。或许最重要的是战斗机指挥部的机场和雷达站由于德国空军攻击目标的转变而获得宝贵的喘息机会，甚至连飞行员都可以休息，只要他们不是在伦敦上空。中队可以不需要时刻备战而度

过一天，新加入的飞行员甚至有时间接受训练，进行适应性飞行——这在几天前还是一种无法想象的奢望。在这段时间里很流行的一句话是"伦敦能够应付"。道丁也因为德军袭击目标的转变而轻松了许多，他这样评论道："接近德国人机场的伦敦使他们输掉了这场战役。"丘吉尔依然以他善于辞令的方式

下图：照常营业。在伦敦的东区，人们正在一个蔬菜水果摊前排队。在繁华已经消退的伦敦，普通市民尽他们最大的努力维持生计。

评论："伦敦像许多巨大的史前动物，能够承受可怕的伤害，虽然有很多伤口在流血，折磨着它们，但依然无法夺去它们的生命，也不能阻止它们移动。"

第二天，基斯·帕克亲自驾驶着他的"飓风"式战斗机飞越燃烧着的这座城市，后来他评论道："沿河而下到处都在燃烧。一副可怕的景象。不过我看着下面说：'感谢上帝！'因为我知道纳粹现在已经将攻击目标从战斗机的基地转移走了，它们认为已经把这些机场全部摧毁了。事实上，虽然它们摇摇欲坠，可是它们没有被摧毁。"着陆后，帕克开始设计最好的对空袭作出反应的模式，维修他的控制系统，以便维系一套至少能够抵御白天进行的轰炸的防御系统。新的局势使战斗机指挥部能够将

下图：一架亨克尔的5名机组成员正在为袭击伦敦做准备。站在右边的这个人是官方的摄影师。

支离破碎的第111中队和第43中队（这个中队在9月7日失去了他们的新任指挥官）重新组织起来，而第92中队从威尔士的潘姆布雷调往美仁山。第92中队已经在第10飞行大队负责的地区徘徊了几个星期，他们在寻找机会参与行动，并为这种无所事事的情况感到苦恼。这个中队已经取得了一些战果，它的飞行员正逐渐成为主动的、精力充沛的、技术出众的战士。在美仁山度过的头两个星期里，这个中队击落16架敌军飞机，可是它自己却失去了5名飞行员和19架"喷火"式战斗机！与此同时，防空指挥部队的派尔将军命令伦敦的左右两翼的防空部队，要在48小时内将力量扩大一倍。

德军的轰炸确实有效，至少按照这

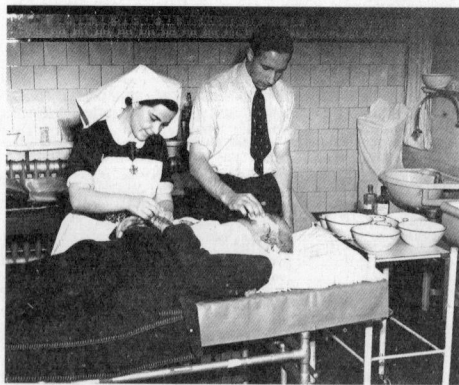

上图：查尔林红十字医院的工作人员正在护理空袭中的伤者。"闪击战"将伦敦的医疗资源的利用推向了极限，尽管已经得到辅助人员广泛的帮助。

天的标准来看是这样，但与稍后皇家空军轰炸机指挥部的下属部队发起的对德累斯顿和汉堡这样的城市的空袭相比，在破坏性方面尚有所不及，那次空袭或许是当天德国发起的最有效、最精确的袭击。空袭中许多工厂、码头和仓库被摧毁或被严重破坏，但这对于英国工业生产造成的影响还是可以忽略不计。有些偏离了目标落到其他地方的炸弹甚至在精神上造成的打击更大。在德国空军对伦敦实施的空袭中，多数标志性建筑遭到攻击——议会大楼、圣保罗大教堂、维多利亚车站甚至白金汉宫，而其他建筑（像卡尔顿饭店）则由于轰炸而完全倒塌。莱切斯特广场遭到破坏，德国空军还在首都绝大多数最著名的、最重要的街道上留下了空袭造成的伤痕。

随着轰炸技术和飞机在第一次世界大战后的发展，轰炸并没有像20世纪20年代许多人预见的那样演变成大灾难。1925年，曾经有人预测在最初2天的连续轰炸中，将会有3000名伦敦市民丧生并造成巨大的恐慌，甚至政府都可能被推翻。如果空袭持续更长时间，预计有20万家庭在3周之内遭到破坏（损失将超过500万英镑），而死亡人数将在5万～10万之间。事实上，感谢上帝，人员方面的伤亡很小，而且有些人甚至声称轰炸对于人们的生活方式的改变甚至比轰炸本身意义更重大。例如，使用阴冷、

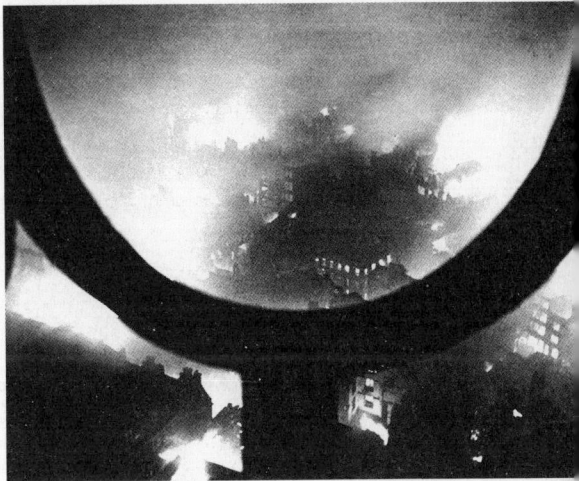

上图：这张著名的照片是1940年12月29日夜晚至30日凌晨德国空军对伦敦发动大规模空袭时从圣保罗大教堂拍摄的，当时德国轰炸机正在向这座城市投弹。

潮湿的掩蔽所使肺结核的发病率上升了10%。

轰炸伦敦行动开始的第2天（9月8日），白天德国空军对肯特郡的机场和伦敦城郊发动次要的空袭，紧跟着的就是夜间长时间、大规模地对伦敦实施的空袭。皇家空军的战斗机在白天击落11架敌军飞机，本方损失了5架战斗机。而皇家空军在9月9日损失21架战斗机，击落了大约24架德军飞机。到了空袭的第3天，德国空军对于第2和第3航空队的职责进行了划分，凯塞林负责白天针对英国的军事和经济目标的打击，主要位于伦敦西部和城郊地区，而第3航空队则在夜间袭击码头和周围地区。

上图：这是另一幅展现伦敦人要让这座城市继续运转下去的决心的图片。政府主要的担忧是民众的士气低落，但这从来也没有发生过。

上图：一名伤者从"闪击战"造成的废墟中被找到并送走。虽然伦敦的伤亡人数最多，但是德国空军对于其他城镇的袭击也造成近8700人死亡。

似乎是为了强调过于简单地对待这场不列颠战役的最后阶段是危险的，9月9日白天，德国空军发动了许多空袭机场的行动，两国空军还进行了许多战斗机对决战斗机的交战。第12飞行大队著名的"大联队"（当时由第19、242和第310中队组成）出发迎敌，它们成功地瓦解了德军编队的攻势，而且声称击落了19架道尼尔。战后德国学者的研究记录表明这个数据有些过于夸大其实，因为德国空军没有损失一架道尼尔，而且英军的观察站也没有见证"联队"宣称的任何一架飞机的击落过程。

夜幕降临时，伦敦再次遭受猛烈空袭，位于西汉姆的银镇的一所学校成为被击中的最不幸的目标之一。学校原本是作为那些因逃避空袭而离开自己的家的人们的掩蔽所，然而学校自身却被炸弹击中，导致450人死亡。幸存者被送到埃平，但是许多当地人不愿意帮助这些因为轰炸而无家可归的人，也不愿意为他们提供庇护所，许多伦敦东部的人只能睡在户外的树林里。

在9月10日发生了两起重大的事件。在英吉利海峡的另一边，德国国防军专门用来执行"海狮"计划的两个师悄悄地收拾行装，向东推进，为进攻苏联做准备。从理论上来说，"海狮"计划的最终行动命令至少要在一天之后才会下达，尽管希特勒亲自干预将日期推迟到9月14日。

在英国本特利普莱奥利的派尔将军对于他的防空部队在战役中的重要性的认识是值得赞扬的。他下令，当敌机飞越上空时，部队可以进行自由射击，并要求他们采用最高的射击速度。派尔并不指望部队能够击落任何一架敌机，只是希望这样做能够提高民众的士气，或许还可以干扰德军轰炸机使其无法准确瞄准。

在空中，德国空军减少了白天实施的骚扰性的空袭行动，这主要是因为大面积低矮的云层限制了德军的行动，而战斗机指挥部在交战中也没有损失1架飞机，而且第72中队还成功地击落2架飞过坎雷上空的He-111。对于伦敦的袭击在夜间继续进行着。

9月11日，德国空军在白天发起了一次针对伦敦的大规模空袭，轰炸机群遭遇皇家空军由超过60架战斗机组成的编队，由于护航的Bf-109E已经返航，英国战斗机击落了7架轰炸机和5架Bf-

本图：这张照片拍摄于1940年9月7日，显示出一架亨克尔He-111在沃平上空飞行的情景，从中可以看到伦敦港区的不少建筑。

110。不幸的是，当一些皇家空军的战斗机正在爬升准备加入战斗时，遇上了德国空军执行自由追击任务的Bf-109E，结果12架战斗机被击落。战斗机指挥部在这天共损失30架战斗机，而德国空军有22架飞机被英军的防空炮火和战斗机击落，其中包括4架Bf-109E战斗机。不列颠战役期间很少提及轰炸机指挥部和海岸指挥部下属的部队与袭击位于英吉利海峡的港口的德国部队的交战情况。9月11日，德军的这种行动的规模也扩大了，100架飞机将超过80吨的炸弹投到布伦、加来、敦刻尔克和勒阿弗尔。这种袭击在接下来的两个夜晚继续进行，结果至少摧毁了17栋建筑。

9月12日，战斗机指挥部度过了非

下图：中队指挥官贝德尔——著名的无腿飞行员和第242中队（加拿大中队）的飞行员们。照片拍摄于1940年9月的达克斯福特。

常不错的一天，只有一架飞机在战斗中损失，但是他们也只宣称击落一架敌机。德国空军在这天的行动规模减小了许多，只有一些侦察行动和骚扰性空袭，不过到了夜里伦敦还是再次遭到大规模空袭，尽管与之前的几个夜晚相比，强度略微下降了一些。落在圣保罗大教堂和位于摄政大街的福特展示厅的炸弹没有发生爆炸，保住了这两个地方。

战斗机指挥部在9月13日的损失也非常小，只有一架"飓风"式战斗机（由"生姜"雷希驾驶，击落它的是刚刚被它重创的一架He-111）和一架装备了AI雷达的"布伦海姆"夜间战斗机被击落。海岸指挥部也有一架"布伦海姆"在挪威海岸附近被击落。德国空军损失了4架飞机，包括被雷希击中的那架He-111和一架被第607中队的威廉·布莱克德尔击落的Ju-88。

虽然天气很糟糕，德国空军还是在9月14日增加了白天行动的力度和范围，主要的空袭目标依然是伦敦（炸弹落在金斯敦和温布尔登）以及（随后袭击了位于南部海岸线的雷达站）布莱顿和伊斯特本。虽然KG 1的Ju-88对雷达站的袭击造成的破坏很小，但是雷达站确实因为德国首次使用的人工干扰而失去了作用。战斗机指挥部在交战中失去14架战斗机，而总共只击落7架敌机。虽然取得

上图：一幅著名的由大卫·洛创作的漫画，强调伦敦市民的勇气和坚忍。这些漫画在坚定整夜都在经历空袭的人们的决心方面起到了重要的作用。

这样的战绩，但希特勒最终还是认为德国空军没有完成分派给他们的任务，即使"海狮"计划曾经确实存在，但从这天开始，它已经在希特勒的脑海中被取消了，尽管德国国防军也确实发布了第一次入侵的命令，对于伦敦的袭击也依然在继续，特别是在夜间，但事实上到了这个时候，入侵已经仅仅成为一种威慑性的武器而已。

9月14日，汉斯·约施尼克恳求允许将英国平民列为空袭目标，希望能够造成"大众的恐慌"并迫使人们迁离城市。希特勒决定禁止任何故意袭击居民区的行动，他认为这很可能招致皇家空军轰炸机指挥部的报复性袭击。

9月15日——现在已经被视为整场不列颠战役的高潮，正是这天戈林的轰炸机部队遭到了最终的、决定性的打击。尽管德国空军在之后的几个月中依然继续着他们的空袭，尽管皇家空军的战斗机飞行员依然会在战斗中阵亡，但是从官方的角度看这就是英国胜利的时刻，而每年的这天都被称为"不列颠战役日"。这场战役没有明确的开始日期，也没有明确的结束日期，要找出能够代表整场战役的一天也很困难，不过9月15日确实是相对来说最具代表性的一天。

9月15日的清晨，天色明亮而且天气晴朗，个别地区出现的薄雾也很快就会消散。战斗机指挥部预见到会有大规模袭击到来，从第一缕阳光出现就有中队开始待命了，从7时开始，每个分区都有一个中队做好了随时升空的准备。

除了执行侦察的飞机发起的零星的攻击外，什么都没有发生，直到11时，

上图：皇家空军第11飞行大队的一名军士，他戴着一顶金属头盔。

上图："生姜"雷希，一名皇家空军的王牌飞行员，站在他自己的"飓风"式战斗机前。从这张照片中可以对这种飞机的螺旋桨推进器的尺寸有直观了解。"洛特尔"螺旋桨的直径是3.3米。

雷达系统才开始报告，一支庞大的敌机编队正在形成中。除了几架飞机没有找到集结点，KG 3的大约100架Do-17从它们位于比利时的基地起飞前往加来，编队在那里与一支Bf-109E的护航部队会合。11时35分，空袭部队刚穿过邓杰内斯的海岸线就遭到皇家空军的拦截，随着它挣扎着向伦敦前进，赶来拦截的战斗机的数量越来越庞大。20分钟后，当伦敦终于进入视线的时候，又有4个"飓风"式战斗机中队从正面对德军编队展开攻击，而贝德尔的"大联队"则从侧翼将护航的战斗机编队切断，从中间猛冲过去。当大约160架皇家空军的战斗机加入对德国编队的攻击后，德国空军的轰炸机编队开始分散，大多数飞机开始做曲线俯冲试图返回基地，在逃逸的过程中，它们随机地投下炸弹。结果，根据报告炸弹落到了巴特西、坎伯威尔、切尔西、克拉彭、水晶宫、肯兴顿、朗伯斯、莱维萨姆、旺兹沃斯和威斯敏斯特。甚至白金汉宫里都落下了两枚未爆炸的炸弹！被击落的飞机以及它们的飞行员在伦敦到处都是。第501中队的军士雷蒙德·福尔摩斯的飞机与一架Do-17相撞，轰炸机坠毁在维多利亚车站前的广场上，而Do-17的3名机组人员则跳伞降落在欧弗尔棒球场的场地上和附近。

疯狂的凯塞林很快又派出第二波攻击部队，来自KG2、KG53和KG76的150架轰炸机参与攻击，由加兰德的JG 26和特劳夫特的JG 54为它们提供护航。战斗机指挥部派出了它能够召集起来的每一架战斗机和每一位飞行员，成功地使多数中队派出2个整编的飞行编队，尽管在早晨皇家空军已经遭受了令人难以置信的损失。这些飞行员中还包括诺托尔特的43岁的基地指挥官，他从1915年就加入皇家空军的战斗机部队了。在肯特上空，这支庞大的德国航空编队与皇家空军的170架战斗机遭遇了，德国机群依旧试图赶往伦敦，等待着它们的是达克斯福特著名的"大联队"下属的5个中队。轰炸机迅速投下炸弹并开始撤退，德国战斗机的飞行员面临着艰难的抉择，是留在这里（在返航的途中燃料必然耗尽）帮助轰炸机还是活着进行下一天的战斗。

参加9月15日的袭击的许多德国飞行员会因为两次空袭均遭到英国空军的猛烈反击而感到震惊，因为他们相信宣传中声称的皇家空军"只剩下50架战斗机"的说法。每次天空中都会出现黑压压的一群皇家空军的战斗机，大约300架"喷火"式和"飓风"式战斗机在他们庞大的舰队中横冲直撞。事情明摆着英国人还没有被打败。

到了下午，在西方还有一些小规模的攻击行动，不过这些空袭造成的破坏都很小，而且都被第10和第11飞行大队粉碎了。在第二次大规模攻击进行到最激烈的时候，丘吉尔视察了第11飞行大队的指挥部，并认真地向帕克询问关于预备队的情况。"没有预备队。"新西兰人回答，首相感到万分惊愕，更加神情紧张地关注着这场帷幕已经拉开的戏剧。9月15日，战斗机指挥部在行动中损失了27架战斗机，摧毁敌机55架，包括19架Bf-109E战斗机。对于德国空军来说，这是无法承受的损失，如果不能减少损失数字，那么不用3个星期德国空

军就会失去一个航空队。更多德国轰炸机在返回时坠毁在机场上，机组人员全部阵亡或大多负伤。在这场大部队之间展开的混乱的战斗中，双方都虚报了战果，皇家空军声称击落敌机183架。

如同预料的那样，帕克对于这样的结果并不满意，他觉得300架战斗机能够也应该取得更多战果。虽然他已经试验过使用多个中队作战，但是他现在决定放弃这种组队模式，因为它太难以控制，而且交战之前在部队集结上需要花费过多时间。他下达命令要求位于美仁

下图：德国空军的飞行人员正在为一次夜间空袭做起飞准备。德国空军在夜间导航方面并非专家，这就是为什么伦敦这座坐落在泰晤士河上易于识别的城市会成为诱人的空袭目标的原因。

上图：一架梅塞施密特Bf-109在英国东南部被击落后，英国警察正在押送飞行员。他的鞋子已经被扒掉，这是为了防止他逃跑。

山和霍恩彻奇的"喷火"式战斗机中队把精力集中在对付位于德军航空编队顶部的Bf-109E战斗机上，而来自坦米尔和诺托尔特的"飓风"式战斗机中队则全力对付德国空军的轰炸机。"飓风"式战斗机编队最多可以以3个中队的形式执行任务（如果时间允许），而"喷火"式战斗机中队则采用2个中队的形式。

戈林完全漠视德国空军付出的巨大损失，因为他确信战斗机指挥部将在几天时间内被彻底消灭，他并没有意识到道丁的部队的力量正在加强。他命令重新采用攻击战斗机指挥部下属的机场和战斗机生产厂的策略，但他并没有察觉到，从9月6日起获得的喘息机会使战斗机指挥部已经在保障部队中建立起一支

由160架全新的"喷火"式和"飓风"式战斗机组成的预备队，而且在一周之内还有另外400架飞机能够送达。当然，飞行员方面仍然短缺，尽管那些在法国战役结束后被迫进行休整的飞行员都已经返回了自己的中队。戈林或许能够摧毁第11飞行大队在地面上的每一架战斗机，可是部队的建制第二天就会恢复！

结束了9月15日的血战后，9月16日白天的行动相对少得多，战斗机指挥部的1架"飓风"式战斗机被沃纳·莫尔德斯击伤（只是二级损伤，而且可以修复），1架"喷火"式战斗机在追赶1架Ju-88时因燃料耗尽而坠毁。德国空军损失了大约5架飞机，其中1架被皇家空军第600中队的"布伦海姆"夜间战斗机击落。

9月17日，凯塞林的第一波行动就是让Bf-109E发动由几轮自由追击行动组成的空袭。战斗机指挥部一般回避交战，但是来自第2航空队的一个编队和III./JG 53的编队遇上了第501中队（没有击落一架德军飞机，自己则有2架飞机被击落），随后德国编队又遇上41中队（它们严重击损2架Bf-109E，但自己也有1架"喷火"式战斗机被击落），最后德国人又遭遇达克斯福特编队，损失了3架Bf-109E，而对方则没有损失。这样一来双方都损失了3架飞机，皇家空军只有1名飞行员阵亡，而被击落的德国战斗机

的飞行员全部被俘或阵亡。在这一整天时间里，战斗机指挥部共损失7架飞机，比德国空军损失的飞机数量少了1架。战役早期表现糟糕的"无畏"式战斗机在午夜到来前击落了2架Ju-88（另击损1架）算是挽回了一些声誉。

当戈林依旧相信皇家空军已经是强弩之末时，德国海军显得更为现实，海军参谋部的作战日志上把"皇家空军绝对没有被击败"放在反对发动一场入侵的论据的前列。9月17日，希特勒才正式开始考虑将"S日"推迟到9月27日，而实际上这次行动已经被取消了，而且拆除用来实施入侵的空运设施的命令也已经下达了。

当德国空军依然彻夜袭击伦敦、布里斯托尔、利物浦和南安普顿时，轰炸机指挥部下属的部队发动了一次针对入侵船队的成功的夜间袭击，在安特卫普摧毁了大约500艘驳船，并对这座城市造成巨大破坏，因为有大约500吨弹药发生了爆炸。

9月18日早晨，凯塞林再次派出战斗机前往肯特，结果招致皇家空军15个中队的集结，其中有6个中队与敌机交

上图：在不列颠战役期间，德国的地勤人员和III./JG 51的梅塞施密特Bf-109E-4在法国拍摄的照片。飞机的引擎罩已经被去掉了。

战。5架"喷火"式战斗机被击落，德方损失3架Bf-109E战斗机和1架道尼尔Do-215侦察机。接下来的一次由少量Ju-88和超过100架Bf-109E实施的空袭，皇家空军未予理睬，凯塞林受到诱惑派遣III./JG 77的Ju-88在没有战斗机护航的情况下发起新一轮攻击，帕克对这次袭击作

右图：1940年10月，皇家空军第1中队的"飓风"式战斗机正在维特林进行防爆炸测试。维特林位于第12飞行大队的防区内，这个飞行大队的防区一直延伸到泰晤士河北部，而第11飞行大队的防区则延伸到南部。

上图：1940年，帝国元帅赫尔曼·戈林在法国视察德国空军人员。III./JG 2的赫尔姆特·维克少校在向他介绍部队成员。

出反应（观察站对于参与袭击的飞机机型的识别非常准确），派出14个中队的战斗机迎敌。交战中9架Ju-88被击落，4架是被达克斯福特的部队击落的，但他们宣称击落德军飞机30架！这天的战斗以战斗机指挥部损失11架飞机和德国空军损失17架飞机收场。

9月19日，由于恶劣的天气，白天的行动强度明显减弱，第249中队和第302中队分别击落一架Ju-88，另外还有1架Ju-88被一个未辨明身份的中队击落，此外，还有1架Do-17被第17中队曼弗雷德击落。

当Bf-109E没有实施近距离护航任务时，采用避开它们的战术的明智在9月20日得到充分的证明。德国空军唯一的袭击行动由Bf-109E发起两轮攻击组成，每轮参与攻击的编队规模都相当于一个联队。数量上的巨大优势使德国空军击落7架"喷火"式战斗机（其中有4架飞机的飞行员阵亡），而本方只损失了2架飞机。更糟的是这些被击落的"喷火"式战斗机中包括2架来自精锐的第92中队，2架来自第72中队（最先参加战役的部队），3架来自第222中队。即便是德国空军的轰炸机也不是容易对付的目标。就在同一天，第41中队的乔治·班尼恩驾驶的飞机（在不列颠战役期间已经击落8架敌机）被1架Ju-88击伤，好在他成功地将受损的"喷火"式战斗机降落在莱姆尼。而德国空军在当天只有3架飞机被击落，另外有1架Bf-109E由于损伤过于严重，在返航途中坠毁在格里斯内兹岬。

德国使用的派出全部由Bf-109E组成的编队实施空袭的战术给战斗机指挥部制造了不少麻烦，因为它们总是很难被识别，直到要对其进行拦截已经变得为时太晚。如果对它们置之不理，随后就会有轰炸机出现，袭击者会冲向它们的目标，如果道丁等待着，直到辨明了它们的身份后再派出编队进行拦截，那么有些德国编队就会被完全遗漏，而有的时候参与拦截的飞机会错过与袭击者接触的最佳时机，有的时候德国空军的飞机会发现容易遭到攻击的"喷火"式或"飓风"式战斗机爬升到了它们的上方。因此，9月21日，道丁授权建立一支专门的部队——第421编队，它会派出小规模的"飓风"式战斗机编队（后来是"喷火"式战斗机）在英吉利海峡上空执行侦察任务，报告敌军轰炸机编队的集结情况，并确定即将到来的袭击部队的组成成分。1940年10月，第421飞行编队在66中队提供的核心人员的基础上在格雷弗桑德组建起来，10月31日这支部队前往西莫林，11月6日又被派往美仁山（重新装备了新的"喷火"式战斗机）。随后，终于在11月15日前往霍金奇。战役结束后，这个编队扩充并成为第91中队。

9月21日，基本上很平静，敌军的空中活动局限于侦察行动和骚扰性的空袭。战斗机指挥部在这天的交战中没有损失，还击落2架敌军飞机，而防空部队也击落2架敌机。此外，有3架敌军飞机在与皇家空军的战斗机交战后返航时坠毁，使德军的损失总数变成了7架。糟糕的天气使9月22日这天变得更加平静，只有1架执行侦察任务的Ju-88与战斗机指挥部的飞机发生接触，而德国自己部署在前线的防空炮火却击落了1架Bf-110。

这天深夜，唐宁街收到罗斯福的一份电报，电报警告"据可靠消息，9月23日凌晨3时，德国军队会发动攻击"。由于英吉利海峡上空暴风雨肆虐，丘吉尔的下属们决定让首相继续睡觉。

上图：梅塞施密特Bf-109E-4。德国人自己都没有正确地使用"Bf"这个前缀，他们一般称这种飞机为"Me 109"。

战斗机指挥部在9月23日损失了10架飞机，德国空军损失的飞机超过13架，包括10架Bf-109E战斗机。9月24日，德国空军派出Bf-110空袭"喷火"式战斗机在沃尔斯通的生产厂，还发动了一些在白天进行的攻击伦敦的行动。战斗机指挥部在双方的交战过程中损失7架战斗机，一名波兰飞行员驾驶飞机一直追击一架Do-17到了法国的海岸线，结果被一架Bf-109E击中，飞行员跳伞。德国空军在这天也只损失7架飞机，而且没有一架是单引擎的战斗机。

"海狮"登陆计划原定于9月21日发起，而最初计划登陆战的第一阶段应

上图：伦敦的另一种景象。1940年9月7日，德国空军对这座城市发动大规模袭击后，伦敦上空的大团烟雾。对于伦敦市民来说，更糟糕的情况即将来临。

该在9月27日结束。英国最终得到比较明确的证据，证明行动已经在9月25日被取消了，侦察照片显示加来、布伦和敦刻尔克的驳船数量已经下降了40%。似乎这些证据还不够充分，此前移动到加来准备为登陆提供支援的战斗机和重型战斗机部队在9月25日又重新回到了西部地区。甚至在这些作战单位尚未迁入前，对英国的空袭又开始了。这次空袭的主要目标是位于菲尔顿的布里斯托尔飞机公司，由第210快速轰炸航空大队标识目标，KG 55的58架He-111投下了近100吨炸弹，造成巨大破坏。为了菲尔顿的空袭行动，德国空军还在法尔茅斯、普利茅斯、南安普顿和斯旺尼奇等地区发动佯攻作为掩护。对菲尔顿的空袭摧毁

了8架新出产的"英俊战士"和"布伦海姆"，还有更多飞机受到损伤，"布伦海姆"的生产被中断，不过对于战斗机指挥部造成的暂时的损失可以忽略不计。在整个一天的战斗中，战斗机指挥部失去5架飞机，击落敌机11架，包括4架Bf-109E战斗机。

9月26日，德国空军终于袭击了超级航海公司位于沃尔斯通的制造厂，在一轮空袭中就投下将近70吨炸弹。空袭造成37名工人死亡，并基本上使"喷火"式战斗机的生产停滞下来。生产必须很快恢复，因为有100架"喷火"式战斗机等待着被生产出来，而且在分散开的维修点里还有60架"喷火"式战斗机等待修理。更重要的是，这次空袭导致英国将"喷火"式战斗机的零部件生

下图：一张伪造的照片，照片上一架"喷火"式战斗机正遭到一架亨克尔He-111轰炸机的前射击手的攻击。

产分散在中队经过改装的汽车生产车间进行，而这些生产车间散布在英格兰南部广泛的区域中，自那以后"喷火"式战斗机的生产基本上可以不受空袭的影响。这天，战斗机指挥部损失7架战斗机（2名飞行员阵亡，其中有1名飞行员跳伞在海上，但由于没有得到及时的救治而身亡），德国空军在战斗中损失5架飞机，另外还有2架飞机因为碰撞事故而坠毁。

9月27日德国空军的行动又是以通常的侦察飞行开始，侦察机小心地选择它们的路线穿过战斗机指挥部所属的机场，机组人员总是妄想不被皇家空军发现。那天，多数飞行员包括帕克和布兰德都希望保存他们的战斗机以对付对方跟在后面的轰炸机。结果只有1架飞机——III./123的Ju-88A被击落。接下来到达的是6个中队的Bf-110，由Bf-109E担任护航，它们并没有发动袭击，而是在燃料许可的情况下绕着肯特和苏塞克斯飞行，不断吸引帕克的战斗机对其发起攻击。德国空军原本还打算乘着战斗机指挥部的飞机添加燃料和重新装填弹药的时机对伦敦发动一次大规模空袭，可是55架参加空袭的Ju-88没有准时到达集结点，当它们飞越肯特的时候遭遇到了战斗机指挥部组织起来的严密的防御。大约12架参与袭击的轰炸机被击落，Bf-109E和Bf-110终于赶到，掩护幸存下来

上图：地方部队的士兵正在学习用布伦式机枪射击低空飞行的飞机的技巧。最初来源于捷克斯洛伐克的布伦式轻型机枪是一种十分有效的武器，在第二次世界大战期间被英国部队广泛使用。

的飞机撤退。

在西面，施佩勒试图再一次空袭菲尔顿，因为情报部门已经通知他，说空袭只造成了轻度破坏。不过，这一次第10飞行大队做好了准备，等着它们到来，空袭收效甚微，反而变成了一场皇家空军实施的成功的截击战，德国空军损失惨重，许多有丰富战斗经验的机组人员在这次袭击中阵亡。

在战斗中，德国空军至少有49架飞机被击落，包括18架Bf-110和17架Bf-109E战斗机，这还没有把2架跟跄着返

回基地并在法国境内坠毁的Bf-109E计算在内，但这恰恰就是真实的损失情况。11名Bf-109飞行员没有能够返回，德国空军还失去了36名Bf-110的机组成员以及轰炸机部队的56人。这无疑是德国空军继8月18日和9月15日后遭遇到的最糟糕的一天。皇家空军在战斗中损失30架飞机，有17名飞行员阵亡。丘吉尔赞扬了战斗机指挥部在这天取得的成功，并在第2天向道丁发出一份电报："祝贺战斗机指挥部在昨天取得的成果。战斗的规模和激烈程度以及对敌人造成的损失使9月27日成为继8月18日和9月15日以来第三个战斗机指挥部在不列颠战役期间经历的伟大的、成功的日子。"

德国空军在9月28日实施了报复性打击，击落皇家空军的14架战斗机，而自己只损失5架飞机。能够取得这样的战绩是因为德国空军使用Ju-88和Bf-110的小规模编队以最高速度飞行实施快速轰炸，同时还派遣大量Bf-109E进行护航，至少它们能够以巡航速度飞行。当皇家空军的战斗机完成集结的时候，发现他们面对的不仅仅是一个大队的轰炸机，还有整整3个联队的大约250架Bf-109E战斗机。

9月29日的行动相对较少，KG 55在飞越爱尔兰海准备袭击默西塞德时损失了1架He-111，后来在遭到"飓风"式战斗机的拦截过程中有3架飞机被击落，另外还有2架由于受损而被迫返航。在这天的战斗中共有5架"飓风"式战斗机和

右图：被机枪和子弹带包围着的一名德国空军报务员正在一架容克Ju-88里草拟电文。轰炸机座舱内的空间总是非常狭小。

下图：1940年9月24日，沃纳·莫尔德斯少校和他的部下士气高昂地出现在德国位于大西洋沿岸的一个机场上。1941年，莫尔德斯死于发生在布雷斯劳附近的一次坠机事故。

德国空军的5架飞机被击落。

9月的最后一天是不列颠战役期间德国空军发动的最后一次在白天进行的大规模空袭的日子。9时刚过，两批共200架轰炸机前往伦敦，它们在肯特上空遭遇皇家空军的12个战斗机中队。这天接近中午的时候，一个由100架轰炸机和200架战斗机组成的编队试图强行前往伦敦，结果遭受沉重打击。另外一队由40架He-111和护航的Bf-110组成的攻击部队在试图袭击位于约奥维尔的韦斯特兰德的飞机制造厂时遭到第10飞行大队的战斗机的拦截。战斗机指挥部在这天损失18架飞机（以及2名飞行员），而德国空军损失了39架飞机，包括28架Bf-109E战斗机，另外还有26名飞行员阵亡。这是战役中少有的几次战斗机指挥部能够对敌人的单座战斗机造成沉重打击的胜利。

德国空军在9月份损失了大量飞行机组人员，包括许多部队的指挥官。死亡、失踪和成为战俘的包括4名联队指挥官、13名大队指挥官，以及令人感到惊愕的31名中队指挥官。战斗的特征已经发生了转变，因此德国战斗机现在已经无法获得地区性的制空权（像他们此前

上图：1939年，当容克Ju-88首次出现时，被德国空军誉为"神奇轰炸机"，Ju-88是有史以来生产过的最好的作战飞机之一。

许多次做到的那样），除非一次派出几个联队。即使是这样，如果战斗机指挥部作出强有力的反应，那么德国战斗机的损失也会是让人无法忍受的。

考虑到轰炸机的损失，德国空军决定从今以后多数由轰炸机执行的任务在

右图：位于掩体下方的一架来自第609中队的"喷火"式战斗机。10月份，德国空军开始使用装载了炸弹的梅塞施密特实施针对伦敦的快速袭击行动。

上图：1940年10月9日深夜，一架容克Ju-88准备起飞袭击英国时拍摄的令人印象深刻的照片。参加这次夜间袭击的主力部队是KG 51。

夜间进行，而战斗轰炸机会在白天实施骚扰性空袭。根据这项决定，每个战斗机联队都接到命令，将三分之一的飞机和飞行员转到执行战斗轰炸任务上。有些联队直接派遣一个大队执行这样的任务，而另一些则在每个大队中指派一个中队执行此类任务。

第1联队在新的战斗轰炸联队建立起来前首先派出安装了炸弹的Bf-109E-7执行自由追击任务，并在10月1日执行多个架次的飞行任务。这天战斗机指挥部损失7架飞机（包括1架"布伦海姆"夜间战斗机），而德国空军在战斗中只损失3架飞机。

10月2日早晨，战斗轰炸机对伦敦和东南部的目标发动了几轮攻击，轰炸机在夜晚发动了对城市和机场的大规模空袭。皇家空军只损失了1架"喷火"式战斗机，德国空军却失去了10架飞机，包括4架Bf-109E战斗机。糟糕的天气在10月3日又一次帮助了战斗机指挥部，它限制了德国空军的行动规模和范围。一

下图：皇家空军的一名军士正在将一枚已经过安全处理的未发生爆炸的德国炸弹搬离现场。在第二次世界大战结束几十年后的今天，这些臭弹依然是一个威胁。

下图：炸弹处理小组的成员正在拆解一枚UXB炸弹。在德军实施的"闪击战"期间，这些小组顶着巨大的压力开展工作，展现出大无畏精神。他们也遭受了相当大的人员伤亡。

快速出击，快速撤离式空袭

从1940年10月8日开始，皇家空军开始拦截匆忙改装成战斗轰炸机的Bf-109，这些飞机在机腹正中携带一枚重250千克的SC250炸弹。Bf-109E通常能够不受干扰地从空中溜过，不论是在非常低的高度（防空部队得到警报后几乎没有反应的时间），还是在非常高的高度（防御战斗机没有足够的时间爬升到这样的高度赶上它们）。即便是携带了一枚250千克的炸弹，Bf-109E依然能够飞到9144米，超过"飓风"式战斗机升限的高度很多，但是"喷火"式战斗机能够达到这个高度。可是战斗机轰炸机的收获却很少。这些飞机在最初行动时，往往派遣中队规模的编队袭击伦敦，出乎意料的是德国人自己预计会遭受重大损失，而且有些飞行员觉得执行这种任务冒犯了他们的引以为豪的职业，他们甚至不愿意将炸弹精确地投到目标上。例如，在伦敦上空，战斗轰炸机的飞行员们在自己的领队投弹时就跟着投弹，经常不会进行瞄准。瑟奥·奥斯特坎普这位德国战斗机的指挥官非常愤怒，并向约施尼克抱怨，结果受到批评并被告知命令是直接由元首下达的。

奥斯特坎普的反应过激而且可笑，这使他再也无法获得晋升。"除非得到证实"，他说，"我认

为元首不会下达命令去做一件如此愚蠢的事，要是他知道这种行动的效果是什么。我的建议是以下这些：靠着上帝的庇护我还剩下差不多384架战斗机，也就是96个小编队。我将派出一个小编队在一天里的两个不同的时间执行任务，它们的腹部将挂着炸弹。它们会抵达它们的目标，因为这么小的编队能够前往任何地方。在它们的目标上空，飞机将俯冲到距地面400米的地方，飞行员跳伞，飞机将带着炸弹冲进码头。飞行员会被俘虏。结果一：轰炸机会停在码头，就是你们所说的'战斗的决心'。结果二：你们至少可以知道我们的战斗机武器完全被摧毁的精确的时间——总共48天。在第49天我会驾驶自己的飞机以同样的方式了结。随后你们就都能够获得和平。不过至少有一件事情能够做到：我的小伙子们不会因为那些白日梦而牺牲他们的生命。"

奥斯特坎普担心派遣更轻的Bf-109E为战斗轰炸机护航使战斗机更容易遭到攻击，损失更严重，护航的飞机在9754米飞行。战斗轰炸机越来越多地执行对重要目标的精确轰炸任务，这有助于提高士气。

将重点更多地放在由战斗轰炸机执行的任务上也同样引起英国方面的注意。来自第602中队的桑迪·约翰斯通很好地总结了皇家空军对于这种新的战斗模式的态度："可能我是错的，不过这几天的事情看起来容易了一些……我们只有在9000米以上的高度巡游时才会看到Bf-109。这些飞机有时候也会偷偷地袭击我们然后再次回到高空的位置……德国人是不是觉得这样就足够了？"

架Ju-88对位于哈特费尔德的哈维兰德工厂发动了一次大胆的攻击，4枚250千克的炸弹在草坪上滑过冲进了工厂的大楼内。德国空军在这天的战斗中共损失5架飞机，而战斗机指挥部则没有损失。

4日糟糕的天气依然严重限制了德

下图：皇家空军的战斗机飞行员正在向中队情报官口头汇报执行任务的情况。这些报告对于精确评估敌方的损失至关重要。

国空军的行动，虽然LG 1的Ju-88空袭了海瑟和福克斯通，导致50名平民死亡。夜间进行的空袭集中在伦敦的安菲尔德和沃尔维齐的兵工厂，由于夜间袭击的精确度很难保证，炸弹都落到了居民区。战斗机指挥部在这天的行动中损失1架"喷火"式战斗机，而德国空军则在交战中失去了7架飞机，另外还有1架Do-17被自己的战斗机击落。此外，有一些飞机在事故中受损。

10月5日，糟糕的天气依然持续，凯塞林还是发动了5轮攻势，而施佩勒对西部地区的目标发动了3次佯攻。战斗机指挥部没有理会由Bf-109E战斗轰炸机以及护航飞机发动的第一轮空袭，当第210快速轰炸航空大队的Bf-110发动对西莫林的攻击时，皇家空军升空进行拦截，德国人的空袭计划被破坏。而II./ZG 76对达特林发动的空袭没有遇到任何麻烦，但是准确度很低。从11时至12时，德国空军连续发动6次小规模的战斗机扫荡行动，损失了5架Bf-109E。白天最后一次主要的空袭由2个大队的Ju-88A实施，它们袭击了南安普顿。这天战斗中的损伤情况是皇家空军失去3架"飓风"式战斗机，德国空军失去1架Ju-88、2架Bf-110和5架Bf-109E。

10月6日，雨几乎没有停歇过，可这并没能阻止战斗轰炸机摧毁美仁山的3座营房，同时有8枚炸弹落在米德尔沃勒普，12枚炸弹落在诺托尔特，1枚炸弹击中了1架正在跑道上滑行的第303中队的"喷火"式战斗机，4枚使用伞降的炸弹落到了乌克斯布里奇，还有1枚没有引爆的炸弹一直威胁着第11飞行大队的指挥部，直到它的雷管被拆除。

10月7日，天气条件大为改善，德国空军在这天的行动更加密集。一个几乎一直在肯特上空巡游的Bf-109E编队遇到了强劲的对手。一名入侵者驾驶的飞机被第501中队的少尉飞行员麦肯希驾驶的飞机撞上，当时麦肯希的弹药已经耗尽。当天主要的空袭由25架Ju-88和50架Bf-110执行，目标是韦斯特兰德位于约奥维尔的工厂，它们遭遇了第10飞行大队下属的5个中队的拦截，损失惨重。一个Bf-109E编队及时赶到，掩护剩下的轰炸机返航。战斗机指挥部在这天的交战中共失去15架飞机，而德国空军损失20架飞机，其中包括10架Bf-109E。

上图和下图：地方政府尽其所能为房屋的主人提供使用基本灭火工具的指导——如手摇式水泵，指导还包括如何处理燃烧弹等技巧。

10月8日，伦敦遭遇夜以继日的连续空袭，虽然战斗机指挥部在战斗中只损失2架飞机，但是其中一架飞机是由约瑟夫·弗朗蒂切克驾驶的——不列颠战役期间，官方统计的顶级飞行员。到弗朗蒂切克阵亡时，战斗机指挥部下属的部队中已经包括2个整编的捷克中队和2个波兰中队，前线共有捷克、波兰、比

利时和法国飞行员240名。德国在这天共损失7架飞机。

尽管气候恶劣，而且情况越来越糟糕，但是10月9日，攻击的方式和损失依然持续着，战斗机指挥部失去了5架飞机，德国空军则损失了8架飞机，包括5架Bf-109E。在对伦敦实施的夜间空袭中，一家医院遭到直接攻击，导致50名病人死亡，而伦敦大学则称在此前的夜间空袭中，学校的图书馆损失了10万册

下图：伦敦的大火。从一架德国轰炸机上观察大火中的英国首都。随着时间的推移，报复性的对德国城镇实施的空袭成为空中战役的特点。

珍贵的图书。

10月10日，大量战斗轰炸机在白天袭击了伦敦市区、东南部的机场和威茅斯，而夜间进行的轰炸则将袭击目标定为伦敦、曼彻斯特、默西塞德和战斗机指挥部下属的机场。战斗机指挥部在这天的行动中损失5架飞机，德国空军在战斗中只损失1架Bf-109E，另外还有6架是由于事故损失的。10月11日的情况与前一天类似，战斗轰炸机袭击了位于美仁山、坎雷、桑森德、坎特伯雷、迪尔、福克斯通和威茅斯的机场，而夜晚的袭击目标则包括伦敦、曼彻斯特、默西塞德、提塞德和泰尼塞德。战斗中皇家空

上图：国王乔治四世和伊丽莎白皇后正在访问英格兰北部的一个小镇。许多北部城镇在德国实施的"闪击战"期间损失惨重，特别是赫尔。

军损失了10架飞机，德国空军损失了3架飞机。后者并不包括1架着火的Do-17，2名机组人员跳伞后，这架飞机安全地返回了布雷斯特。

10月12日，凯特尔终于宣布希特勒已经作出决定，从今以后"海狮"行动的准备工作将继续进行，目的是"维持对英国施加的压力"。就在同一天，德国空军在战斗中损失7架飞机，而战斗机指挥部损失11架飞机。10月13日，糟糕的天气又一次制约了德国空军行动的规模和强度。皇家空军共损失4架飞机，这其中包括1架被第312中队的过于兴奋的捷克飞行员击落的"布伦海姆"夜间战斗机，另外还有1架"喷火"式战斗机被查塔姆的防空炮火击落。德国空军在战

斗中共失去2架飞机。

尽管伦敦和其他主要城市自从9月份一开始就遭到夜间空袭，但是许多历史学家还是选择10月14日作为"闪击战"的开始。当然这天标志着大规模、高强度的空袭重新开始，大约200架Ju-88和He-111在伦敦投下了超过100枚的炸弹，导致900处火灾或严重破坏，还有591名平民在空袭中丧生。战斗机指挥部的夜间侦察机进行了50多架次的飞行，但是没有1架夜间战斗机与敌机发生交火。这天的战斗损失情况相当轻微，两边各损失1架单人座飞机。皇家空军损失的这架"喷火"式战斗机可能是被本方的防空炮火击落的，也可能是撞上了阻塞气球。

10月15日，对伦敦的空袭持续了一

下图：波兰飞行员在一架"喷火"式战斗机前的合影。在这架飞机的侧面可以看到大量标记，每击落一架敌机就会做一个标记。

天一夜，Bf-109E战斗轰炸机破坏了通往地铁滑铁卢站的道路，并使几条铁路线临时性封闭，空袭还击中了南岸的一些工厂。对于Bf-109E的飞行高度的准确预测使美仁山和霍恩彻奇的"喷火"式编队能够从阳光里直接俯冲进入德国机群，在一次交战中就击落5架Bf-109E。夜间空袭包括一次由20架来自KG 606的Do-17发动的袭击伯明翰的行动。这些飞机中的1架轰炸了皇家空军的特恩希尔基地，摧毁了1座停机棚以及里面停放的20架教练机，还有1架第29中队的"布伦海姆"夜间战斗机也被摧毁。其他德国空军的轰炸机摧毁了更多的港口设施，并对帕丁顿、利物浦街、滑铁卢和维多利亚等车站造成破坏。空袭中遭受损失的还有贝克顿煤气厂和巴特尔希发电厂。空袭造成512名平民死亡、11000人无家可归，只有2架轰炸机被击落。德国空军在这天损失12架飞机，而战斗机指挥部则损失16架飞机。

10月16日白天糟糕的天气影响了德国空军的行动，德军只派出一个飞行编队规模的部队执行骚扰性空袭，然而对

下图：一辆留下了战争创伤的伦敦公共汽车矗立在街道上的瓦砾中。沥青铺成的路面给灭火和救援工作带来了极大的问题，而且还会延迟救援人员到达现场的时间。

上图：对许多伦敦人来说，地铁是"闪击战"期间难民们的天堂，为数千人提供了一个安全的可以睡觉的地方。

伦敦的夜间空袭依然在继续。战斗机指挥部在交战中只损失1架"飓风"式战斗机，德国空军损失4架飞机。接下来这天是一个雨天，偶尔会出现一些阳光，德国空军对许多目标发动袭击，包括战斗机指挥部的总部和南部沿海的一些城镇。皇家空军损失7架战斗机，而德国空军则损失4架Bf-109E。

10月18日，大雾弥漫，但德国空军依然按照一贯的方式发动袭击，战斗机指挥部在这天的交战中没有任何损失，还击落2架敌机。虽然德国空军没有能够击落任何皇家空军的战斗机，但天气却做到了，4架"飓风"式战斗机坠毁（4名飞行员阵亡），当时他们迷失了方向而且燃料耗尽。编队的指挥官下令前往桑道恩公园赛马场着陆，遗憾的是4架飞机全部坠毁。

赫尔曼·戈林在10月18日发布了一份夸耀的、言过其实的电文，希望以此来鼓舞飞行员的士气："在过去的几天，你们发动的持续的破坏性的攻击已经造成我们的敌人——英国灾难性的损失。你们对大英帝国的心脏（伦敦）发动的不知疲倦的攻势已经使英国的统治者害怕和恐惧。你们发动的坚定的战斗机战役对夸夸其谈的皇家空军造成了不可挽回的损失。"事实上德国空军在前一个星期的战斗中摧毁皇家空军50架战斗机，而自己则损失36架，但是还有许多飞机由于事故而损毁。

10月19日这天是整个不列颠战役中最

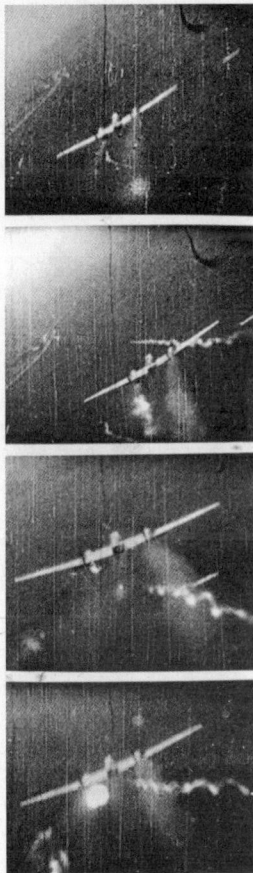

右图：皇家空军的一架战斗机上安装的照相机拍摄下了一架梅塞施密特Bf-110的最后时刻。

平静的一天，虽然2个中队的Bf-109E冒险飞越肯特上空，但双方都没有损失。10月20日，德国空军的行动显得活跃得

上图：1940年底的某个时候，为了让夜间的空袭持续下去，德国的军械师正在为一架"斯图卡"飞机装填炸弹。

上图：在不列颠战役进行到尾声阶段，意大利空军向比利时派出一支战斗机和轰炸机混编的部队。这支部队在行动中损失惨重，并撤回了意大利。照片上显示的是一架菲亚特BR 20接到起飞命令时的情景。

多，大约出动300架次战斗轰炸机实施了2次空袭。结果皇家空军的4架战斗机在空战中被击落，德国空军则损失7架Bf-109E和1架Bf-110。当天夜间空袭的目标包括为盲人专设的位于圣丹士坦的医院。夜袭者之一（1架Do-17）发生引擎故障，它的机组人员在索尔斯伯里附近放弃飞机跳伞。这架飞机继续飞了超过160千米后，奇迹般地自行降落在苏塞克斯的泥沼中，而且几乎没有损伤，它无法再次回收飞行只是由于咸水对机械的破坏。

到10月21日，天气已经变得相当寒冷，而且当天又是大雾、降雨和浓密、低矮的云层交织在一起的天气。白天德国空军在伦敦和默西塞德有一些行动，西部的天气稍好一些，德国空军在那里发动了许多骚扰性的空袭。1架Ju-88因为没能找到格罗斯特在布洛克维尔夫的工厂，转而去袭击奥尔德萨伦，它的行动完全落入来自米德尔沃勒普的"喷火"式战斗机的监控中，"喷火"式战斗机追赶这架Ju-88并把它击落。这架飞机是当天德国空军损失的2架飞机中的其中1架。

多云的天气基本上占据着10月份余下的日子，有时候也有降雨或是薄雾。伦敦和其他城市继续遭受着夜间进行的空袭，10月27日，机场也在夜间遭到攻击。白天的空袭常常由单独飞行的飞机

亨克尔He-111

亨克尔He-111或许是不列颠战役期间德国最著名的轰炸机，尽管它的数量和表现并不及更新型的Ju-88，而有效性也不及Do-17。这种飞机很难适应不列颠战役期间要求它去执行的任务——载弹量过小，而且对于战斗机来说它是很容易被攻击的目标。作为战前的一种先进的飞机，到了1940年年中时，它应该已经被一种速度更快、重量更大、使用4台引擎的轰炸机取代，但这种重型轰炸机却没能够从设计变成现实，He-111不得不在战争余下的时间内继续扮演"战士"的角色。

技术参数

乘　　员：5人
最高时速：405千米/小时
最大航程：1930千米
武　　器：7挺7.92毫米口径机枪
产　　地：德国

或小规模编队实施，很少能造成巨大破坏，只能伤害平民。

10月22日，德国空军的行动受到严重制约，在泰晤士河的河口以及英吉利海峡德国空军发动了3次收效甚微的袭击护航船队的行动。虽然没有什么行动要参与，但KG 27却遭遇了非常糟糕的一天，在致命的事故中损失3架He-111，其中1架还导致地面上的13人死亡。战斗机指挥部的损失仅限于2架"喷火"式战斗机和2架"飓风"式战斗机（1架是被自己的防空炮火击落的），而德国空军还损失了3架Bf-109E战斗机。稍微放晴的天空使10月23日的德军行动的规模有所扩大，美仁山和坦米尔的机场都遭到轰炸，遭到攻击的机场还有克拉莫、哈

下图：这架Bf-109E-4由赫尔姆特·维克少校亲自驾驶，当他于1940年11月在英吉利海峡上空被击落前已经击落盟军飞机56架。

意大利介入不列颠战役

轰炸机指挥部空袭意大利（意大利希望分享击败英国的荣耀）促使墨索里尼派遣意大利飞机和飞行人员参加不列颠战役。1940年9月10日一支完全自治的、自行支援的意大利空军部队成立了，9月底部队前往它位于比利时的基地，当时配备了8个菲亚特BR-20M轰炸机中队，一个坎特Z1007.BIS侦察机中队和6个战斗机中队。

这支意大利部队缺乏经验，装备质量较差，而且并没有接受过德国空军的战术和战略方面的训练，部队到达比利时后作为部署在比利时的第2航空队的一个组成部分由凯塞林指挥，但立刻就遇到问题——凯塞林不知道能够让这位新加入的盟友做什么。在前往比利时的长途飞行过程中，这支意大利部队已经损失了几架飞机，这倒是给了凯塞林很好的理由，他坚持这些部队必须先在比利时完善他们的训练。他们最终从10月25日开始执行飞行任务，16架飞机在夜晚袭击哈维奇。4天以后，15架BR-20M在大约70架CR-42的护航下对雷姆斯盖特实施在白天进行的空袭，然而这次行动最终被中止了。10月29日袭击当天，尽管防空火力极强，但这些飞机却奇迹般地没有遭受损失。11月

11日意大利部队又向雷姆斯盖特发动了一次在白天进行的空袭（官方认定的不列颠战役结束以后），但是行动遭到"飓风"式战斗机的拦截。参与行动的10架BR-20M中，意大利人丢掉了5架，另外还有7架护航飞机被击落。意大利战斗机的飞行员们在作战的过程中很有勇气，可是他们古老的双翼飞机太落后了。

意大利空军还发动了两次夜间空袭，分别是在11月17日（6架BR-20M袭击哈维奇）和11月20日（12架BR-20M袭击哈维奇和伊普斯维奇）。BR-20M在1941年1月份撤回意大利，而CR-42战斗机在2月从比利时撤退。这样意大利派驻比利时的空军部队只剩下3个菲亚特G-50战斗机中队，它们主要被当作夜间战斗机使用，并最终于1941年4月撤离。

维奇和南安普顿。这些行动导致皇家空军的1架"飓风"式战斗机和德国空军1架Ju-88被击落。夜间实施的空袭包括由KG 26执行的袭击格拉斯哥的行动等。

10月24日，德国空军只发动了零星的快速出击、快速撤离的行动，交战中只损失1架飞机，那是1架Bf-109E战斗机，它被皇家空军的战斗机击中后，坠毁在格里斯奈兹海角。10月25日的行动情况和前一天相似，但双方交战的次数有所增加，战斗损失包括皇家空军的9架飞机和德国空军的14架飞机，其中有11架Bf-109E。这天黄昏时，KG 26的1架He-111轰炸了蒙特罗斯的机场，而驻扎在比利时的意大利部队也首次执行了任务。大约16架菲亚特BR.20M起飞前往攻

下图：VIII./JG 27的一架Bf-109E-4的残骸。1940年10月27日，这架飞机在西维克汉姆的费舍尔农场上空被击落，飞行员布赫受了点轻伤，他跳伞离开了飞机并被俘。

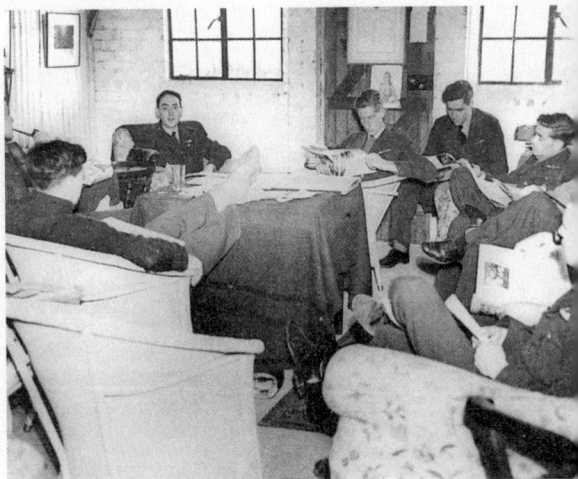

上图：1940年9月，皇家空军在达克斯福特的机组人员休息室内的景象。这些飞行员并不处于待命的状态，否则他们会穿着自己的飞行服并带着装备。

击哈维奇，其中1架在起飞时坠毁，而另外还有2架在返航时由于燃料耗尽而坠毁。

10月26日，战斗轰炸机对伦敦和英格兰南部地区实施了频繁的袭击，德国空军还对英吉利海峡上的1支船队发动过

上图：照片上的这位幸运的生还者是纽曼先生，他在被救出之前已经在废墟中掩埋了14个小时。在德军发动的"闪击战"期间，急救能力已经达到了极限。

一次缺乏效率的攻击。在各种各样的攻击行动中，战斗机指挥部损失4架"飓风"式战斗机和1架"喷火"式战斗机，而德国空军则共损失4架飞机。就在这天，42000吨的邮轮"不列颠女王"号沉没了，一架KG 40的Fw-200击中了它，引发了大火，随后1艘U艇向它发射鱼雷，并将其击沉。

令人惊讶的是10月27日是整个不列颠战役期间战斗机指挥部出动飞机架次最多的一天（1007架次），与德国空军的战斗机和战斗轰炸机展开了一系列空战，有时候皇家空军的飞机会与50架敌机组成的机群交战。德国机群袭击的目标是护航船队、伦敦、南安普顿和马尔特山米斯的机场。战斗中皇家空军损失9架战斗机而德国空军则损失11架飞机。与往常不同的是，德国空军夜间行动的目标包括科尔蒂瑟尔、德里菲尔德、菲尔特威尔、霍金奇、哈宁顿、科尔顿和莱肯菲尔德等。

在10月28日白天的攻击中，8个大队的Bf-109E出发前往肯特和泰晤士河的河口，结果在与皇家空军的交战中有4架飞机被击落，使德国空军在这天飞机的损失总数达到5架（全部都是Bf-109E战斗机）。皇家空军在行动过程中没有飞机被击落。

接下来两天是德国空军在不列颠战役期间的最后一次努力，它在白天就对目标实施了大规模打击，虽然主要使用的是单引擎的战斗轰炸机和快速的Ju-88。

如同往常一样，凯塞林首先派出飞机执行侦察任务，随后他派出第一批Bf-109E战斗机，确保2个中队的战斗机为1个中队的战斗轰炸机提供护航。当这些飞机在11时10分穿越迪尔附近的海岸线时，战斗机遭遇一小队"喷火"式战斗机，战斗轰炸机迅速穿过现场将炸弹投在伦敦，轰炸查林十字街车站附近的铁路线。在格斗的过程中，德国损失了4架战斗机，而皇家空军的"喷火"式战斗机则安然无恙地返回了基地。达克斯福特的"大联队"也出击了，却没能为这次交战提供任何帮助，他们花了17分钟起飞，又用了20分钟才完成集结并离开驻地。帕克手上有5个"喷火"式战斗机中队和4个"飓风"式战斗机中队用来对付德国空军发动的下一轮空袭。德军接下来一波攻势由I.和II./LG 2的Bf-109E战斗轰炸机执行，担任护航的是I.和II./JG 51的100架Bf-109E战斗机。这次，防御者至少击落9架Bf-109E。

这天其他空袭行动还包括：12架LG 1的Ju-88（由来自JG 2的两个大队的战斗机护航）成功地袭击了朴次茅斯以及15架菲亚特BR.20M和73架护航的CR42袭击雷姆斯盖特，第210快速轰炸航空大队第3中队的Bf-110和Bf-109E袭击北韦尔德，这支部队在飞行的过程中遭遇第249和第257中队，当时这2个中队正在集结，结果皇家空军的1架飞机受损，1架飞机被击落，另外还有1架飞机损伤过于严重，飞行员能够做的就是尽量让飞机爬高，然后跳伞。战斗轰炸机对于英国

上图：处于战备状态的夜间战斗机的飞行员们一般都会带着深色的护目镜，以保持眼睛对黑暗的适应。在这个时期，夜间作战还处于刚刚发展起来的阶段。

机场的基础设施也造成惊人的破坏，而且袭击中德国空军只损失2架飞机。这天下午，达克斯福特的"大联队"再次出击，然而5个中队之间繁忙的无线电通讯使指挥人员无法有效地使用它们。后来，利·马洛里很早就将"大联队"召回，他担心越来越恶劣的天气会对这个庞

下图：一架第41中队的"喷火"式战斗机，这种有白色镶边的型号到1940年年底才开始装备部队。9月份，这个中队共击落敌机39架。

上图：这架梅塞施密特Bf-109到了行程的终点，飞机的飞行员成功地在肯特郡的一块玉米田里进行了迫降。有些被击落的敌机的残骸会在英国的城镇进行展示以提高士气。

大的编队造成损失。这天皇家空军共损失7架飞机，而德国空军则失去17架飞机。

10月29日，德国空军的战斗轰炸机执行了一次空袭任务，而10月30日一些轰炸机编队被派出执行袭击任务。由于雷达系统良好的预警以及战斗机指挥部下属中队的合理部署，德国空军袭击部队的多数飞机被挡在战斗机组成的屏障之外。中午，一个由80架轰炸机和战斗

轰炸机组成的编队出现在泰晤士河的河口，还有2个编队（总共约100架飞机）在大约15分钟后飞越了戴姆彻奇的海岸线。下午，大约130架敌机发动一次单独的空袭。这天的交战以战斗机指挥部损失6架"喷火"式战斗机和1架"飓风"式战斗机以及德国空军损失5架飞机收场。夜间的行动规模很小，由于天气特别糟糕，伦敦很早就"解除警报"，使许多伦敦人能够睡上几个星期以来最香甜的一觉。

不列颠战役的终结并没有一个确切的日期，在10月底时战役逐渐结束。从那以后，德国空军依然对英国城市进行小规模的夜间空袭，而战斗机指挥部依然进行抵抗。到10月底，战斗机指挥部的战果与损失之比已经增长到2比1，而且一直在稳步上升。整个不列颠战役期间，战斗机指挥部在交战过程中的损失介于900～925架飞机之间（数据来源不同），而德国空军的损失在1590～1740架之间。战斗机指挥部有超过400名飞行员和机组人员阵亡，德国空军的人员损失比这个数据高得多，战斗机指挥部阵亡1个人意味着德国空军损失5个人。当时，战斗机指挥部宣称击落敌机2698架，而德国空军则声称击落皇家空军飞机3058架。10月的最后一天战场上特别平静，双方都没有损失。

6

结论

　　每个人都"知道"，不列颠战役标志着皇家空军取得的一次历史性的胜利，对于德国空军来说是耻辱的失败。在不列颠战役结束很长时间后，德国空军的飞机依然能够在英国上空执行任务，而且不费力气地攻击英国的目标。德国空军无法取得一次地面入侵所需要的制空权，也无法摧毁皇家空军。不过，那时皇家空军也是一样，它同样没能彻底摧毁德国空军，也无法完全控制

自己的领空。

　　最终战斗机指挥部实现了自己的诺言，即保存自己，并具备战斗能力，使英国在这场战争中能够支撑足够长的时间，同时不给希特勒任何发动地面进攻的机会，而德国空军却没有能够完成他们雄心勃勃的目标。从这方面来说，至少皇家空军"赢得了"不列颠战役的胜利。一名德国空军的军官在关于不列颠战役的报告中沮丧地得出结论"敌人抵抗的力量比攻击的手段强大"，甚至不愿意承认闪击战在打击英国民众的士气方面的有效性。值得注意的是，盟军在关于不列颠战役的报告中称这次战役改变了战争的进程，同时盟军还对德国空军失败的原因进行了分析——"德国轰炸机的火力不足而且载弹量不够"，

上图：梅塞施密特做低空而又快速的飞行。这是一架Bf-109F，直到1941年年初这种机型才真正开始装备部队。注意飞机横尾翼的支撑和圆形翼尖在这种机型上都没有采用。

"付诸的努力缺乏整合，过于细碎"而且"对于特定目标的跟进打击工作做得不够"。

　　关于双方在战役中损失的飞机和飞行人员的数量的研究也支持英国获得胜利的结论，尽管德国的单引擎战斗机（虽然航程受限）积极作战，而且可以证明这些单引擎战斗机赢得了属于自己的这部分战斗的胜利。

　　不列颠战役标志着德国开始走向衰败的结论，自信地声称自那以后德国空军再也没能发动一次挑战盟军制空权的行动。

左图：一名被遣返的负伤的德国战俘。他失去了右臂，而傲慢的态度却并没有伴随着他的右臂一起消失。

下图："伦敦已经两次献身于祭祀的大火：伦敦已经两次被烧毁——伦敦也两次重新矗立起来！"还有什么能够比诗人弗朗西斯·布雷特的词句更好地形容眼前圣保罗大教堂的这副景象？

虽然皇家空军没有能够摧毁德国空军，不过它确实成功阻止了德国空军在英国上空获得制空权，而且由于它使德国空军遭受了巨大损失，德军放弃了在白天使用大编队执行轰炸任务的策略。即使"海狮"计划并非只是一种构想或威胁，但皇家空军的不懈努力也阻碍其变成事实，而且确保了英国有能力将这场战争继续下去。从最低限度来看，不列颠战役是皇家空军取得的一次适度的、部分的胜利。它使人们看到了什么是可能做到的，并将纳粹军队不可战胜的神话撕破，而且是挽救英国免遭与法国相同命运的最主要的因素。

然而它并不是不需要付出代价的，515名飞行员阵亡，还有更多人严重受伤，飞机的损失数字也是令人惊愕的。希特勒的轰炸机对伦敦造成的巨大破坏，以及短期内产生的影响已经可以通过数据的方式体现出来。许多平民丧失了生命，当英国将精力集中在本国国土的防御上时为其之后在巴尔干和远东的失败撒下了种子。皇家海军撤回为船队担任护航的驱逐舰，而等待德国的入侵，这使商业航行在U艇和德国空军的打击下损失惨重。但是不列颠战役确实已经改变了战争的走向。虽然，必须承认英国还会遭受局部的失利，但是不列颠战役在战乱中保住了联合王国。这次战役还迫使希特勒两线作战，正是由于后来对于资源的过分需求导致第三帝国的最终失败。